「使いづらい部下」を上手に使いこなす法

野口正明

同文館出版

まえがき

長らく産業界をリードしてきた大手電機メーカーが不振にあえいでいるように、時代の変化に取り残された日本企業の〝ガラパゴス化〟ぶりが目につきます。その本質的な原因のひとつは、トップのまわりにイエスマンが集まって高い壁を築き、自分たちに都合のいいルールで組織を動かして、現場の実態や外部環境の変化が見えなくなっている「裸の王様経営」にあると言われています。

現実は、上司よりもはるかに多様な情報を持つネット世代の社員が増え、クラウドを使って低投資で続々と起業するネットベンチャーがビジネスの常識を変えています。

こうした「変化の時代」になると、社内優等生ばかりを育てている会社では、顧客や社会、そして世界が求めている新しい価値を生み出すことなど到底できないでしょう。これからの組織に必要とされるのは、ときに周囲との摩擦や衝突があろうと、既成概念にとらわれずに柔軟に考え、大胆に行動できる〝とんがった人材〟です。

しかし、このような人材は活用されるどころか、むしろ「使いづらい」という烙印を押され、組織の中で埋もれてしまっているように思います。本書では、そんな「使いづらい」人材を部下に持った上司のみなさんに、彼らの大きなエネルギーを上手に導いていくための処方箋を紹介します。それが、手本のない時代のビジネスの可能性を拓いていく起爆剤になることを信じて。

２０１３年2月

野口正明

1章 使いづらい部下を使いこなすには

9章　使いづらい部下を使いこなそう！

装丁　三枝 未央
DTP　春日井 恵実

1章

使いづらい部下を使いこなすには

1　使いづらいのは上司の事情？

上司であるあなたにとって、使いづらい部下を持つのはとても頭の痛い問題でしょう。

「上から降りてくる目標は、とても達成できないようなものばかり。自分のことだけでも精一杯なのに」

「部下を活用しながら成果をあげるのが、上司の役割であることは百も承知している。部下はそんな状況を察して、言ったとおりに動いてほしい」

そんな心の叫びにはまるで無関心で、足手まといな存在でしかない部下はゴメンだというのが上司の本音でしょう。

でも、ちょっと待ってください。あなたにとって使いづらい部下とはどういう部下でしょうか。基本的な知識・スキル・能力が不足しているため、決められた仕事も毎回のように間違えたり、必要以上に時間を要する部下でしょうか。あるいは、自分自身の能力の足りなさを認識することなく、改善の努力をしようという意欲さえ見えない部下でしょうか。

申し訳ありませんが、このような〝ダメな部下〟は本書では対象にしていません。

本書で取り上げるのは、「使いづらい部下」と言っても、まったく違うタイプです。

もし部下が、ある分野であなたを超える**〝とんがった能力〟**を持っているとしたら、あなたは「使いづらい」と感じるはずです。

つまり、能力があるために上司としては持てあましてしまうということです。そんな、上司が意のままにコントロールできる範囲を超えた、**「とんがった部下をどう使いこなしたらいいのか」**というのが本書のテーマです。

ダメな部下の扱い方についての本は多くありますが、突出した能力を持つがゆえに使いづらい部下に、上司としてどう接すればよいかを書いた本は他にはないはずです。

彼らは自分の主張やスタイルを明確に持っているため、多くの上司が本音のところで求めている以下のような部下像の枠には収まりません。

上司が部下に求める暗黙の部下像

1　やってほしいことを指示どおりにきちんとやってくれる
2　何をやっているかが把握でき、管理がしやすい
3　失敗や余計な問題を起こすことなく、安心して見ていられる

一定の枠組みに収まらない個性的な人材が、これからの企業経営に必要不可欠だと言われるようになったのは、実はずっと以前からのことです。ところが、そのような人材はなかなか会社や上司の思いのままにはならないため、結局は採用の段階から排除されてきました。

私はかつて企業の人事部門で採用担当をしていたことがありますが、「これはとんがった魅力のある人材だ」と見込んで選考プロセスの先に進めても、多くが最終の役員面接の段階で、「彼は組織人としての協調性に問題がある」といった理由で落とされました。また、狭き選考の網の目をくぐったとしても、入社後に配属になった職場で本来の能力を発揮できる人は稀でした。

このタイプの人材にありがちなアラの部分ばかり指摘されて、組織の中に埋もれてしまったり、本人がそうした状況に愛想をつかして出て行ってしまうことも少なくなかったのです。

私がそのとき勤務していた会社には、経営について誰でも提言できる制度がありました。

隣の職場に入社してきた、非常に頭が切れ、新入社員ながらすでに自社の経営のあり方について問題意識を持っている後輩が、その制度を真に受けて、かなり大胆な提言書を会社に出したことがあります。

しかしそれは、社内ではタブーとされていたテーマだったこともあり、管掌の役員が血相を変えて彼のところに飛んで来て、提言はなかったことにされてしまいました。その後輩は、ほどなく会社を去っていきました。

このようなことは、もう昔話だと片づけられるでしょうか。私の見るかぎり、状況がそんなに変わったとは思えません。

2　今、優等生社員が直面している問題

一方で、これまでずっと会社という組織で主役の座を張り続けてきたのが、優等生社員たちです。彼らのような人材を育成するシステムが、日本企業には一様に組み込まれています。

すなわち、まっさらな状態で新卒として入社し、ＯＪＴを中心にした企業内教育で先輩や上司から会社のカラーに見事に染め上げられ、命じられたことを労をいとわずにこなすのが優等生社員です。

しかし今、日本の多くの企業が閉塞状況から抜け出せずに苦しんでいます。必死に努力し続けているにもかかわらずです。この閉塞状況が生み出された要因はいくつかあると思いますが、私がひとつ自信を持って言えることがあります。

それは、成長時代に会社を牽引してきた優等生社員を、ビジネスを取り巻く環境が大きく変わっているのに、相も変わらず組織の主軸に据えているということです。

業界や会社の常識をわきまえて、従来からの仕事のやり方をきちんとやり続けられる優等生社員を重用することから抜け出せていないのです。

彼らが、かつてのように力を発揮できなくなった環境変化の背景には、以下のようなことがあ

ります。

①国内マーケットの縮小

日本の人口はすでにピークを過ぎて下降線をたどり始めました。老齢人口の割合がますます高くなり、消費を先導する役割を担ってきた若年層は急速に減少し、国内マーケットの縮小はどうあがいても必然になっています。

②大量消費社会の終焉

さらに、日本人の消費行動が大きく変容しています。企業は、次から次に新製品を市場に導入し、膨大な量の広告宣伝を展開してきました。これに消費者が応じて、大量消費社会が成立していたわけです。しかし、すでに消費者はほしいものを手にしており、環境問題への関心の高まりもあり、モノを買わなくなっています。循環を基調とした、いわゆる「持続可能な社会」への移行トレンドは明らかです。

③グローバル競争への対応

国内消費の伸びが、量と質の両面から望めなくなった状況では、中国やインド、東南アジア等の経済成長の著しい新興国マーケットへの進出が、日本企業の不可欠な課題となりました。しかし、海外でのビジネスはその国の文化と切り離して考えることはできず、国内の単一的な価値観の中でやってきた日本企業は、現在、各国の〝価値〟への対応に直面しています。

成長戦略に引きずられている優等生社員は、現在進行している、努力の量が必ずしも結果に結びつかない不透明な時代に、これまでの常識や思い込みを疑い、市場や顧客から何が本当に求められているのかをゼロから考え直すということにはまったく不慣れです。

そこで自分たちの役割や権益を死守するために、これまで以上に目の前の仕事をハードワークでこなそうとしますが、結果が伴わず疲弊するばかりです。

3　使いづらい部下こそ閉塞感を打ち破る

結局のところ、優等生社員がうろたえている先の見えない閉塞感を打ち破れるのは、ある分野で**とんがった能力を持った、「使いづらい部下」たちしかいない、**と私は考えます。

なぜなら彼らには、大きな環境変化に立ち向かい、進むべき方向性を探し出すことができる、以下のような特性があるからです。

とんがった使いづらい部下の特性

1　自分自身の内面から湧き上がってくる主体性を持ち、自ら仕掛けられる
2　他者にはない、自分ならではの突出した強みを武器として持っている
3　主体性と強みを持って行動することで、遭遇する抵抗や反発に立ち向かえる

このような「使いづらい部下」を別の言葉にすれば、まさに〝**革新人材**〟と言えます。

こうした人材を、これまでの常識の枠の中にはめ込んで、その能力を発揮させていないとすれば、あなたは上司として重大な罪を犯していることになります。

彼らはその特性のために、ときに自分勝手でわがままだったり、能力をひけらかしたり、周囲の空気が読めないように見えることも少なくありません。

上司にとっては、やはり使いづらい部下に違いありません。

でも、ご安心ください。彼らをうまく使いこなす方法は確かにあるのです。本書では、「使いづらい」人材のタイプごとに、その使いこなし方を明らかにしていきます。

4 使いづらい部下の7タイプ

それでは、使いづらい部下を7つのタイプに分けて紹介していきましょう。

ケース1 指示してもなかなか動かない

- **上司の命令でも納得しないことがある**
- **いちいち質問ブレーキをかけてくる**
- **一徹な思いを押し通そうとする**

このタイプの部下は、たとえ業務命令であったとしても、自分が納得いくまで容易には動こうとしません。

上司としては、いちいちその仕事の意味や目的をわかるまで説明しなければならず、面倒くさくてやりきれません。

ケース2　社内秩序を尊重しない

- ●社内の暗黙の力関係や序列に従わない
- ●上司の頭を飛び越える
- ●組織の境界を無視して動く

このタイプの部下は、お客様のために役立つことに集中しているため、社内の組織や階層間にある暗黙のルールを無視してしまいます。

上司としては、社内で部下をめぐるゴタゴタに巻き込まれ、そのつど、火消しに走らざるを得なくなります。

ケース3　決まり切ったことをやるのが嫌い

- ●ルーチンワークでは満足しない
- ●義務よりも自分の興味を優先させる
- ●仕事の効率化に目を向けない

このタイプの部下は、自分ならではのオリジナリティを仕事の中に入れ込めないと、モチベーションが保つことができません。

しかし、実際の仕事は決められたことを決められたとおりにやらなければならないことも多く、それをやらせるのに労力を使うのはたいへんなことです。

ケース4　何ごとにもすぐ手を出してよく失敗する

●周到な準備を怠る
●成功確率に関係なく動き出す
●失敗してもあまり反省しない

このタイプの部下は、思い立ったら、結果がどうなるかをあまり深く考えることなしに即実行に移してしまいます。

上司としては、「きちんと考えて、計画を立ててから行動する」ように監視しなければならず、常に目が離せません。

ケース5　派手好きで、目立ちたがる

●自信過剰である
●問題は言わないと気がすまない
●大風呂敷を広げる

このタイプの部下は、自分が行動して結果が出たことは自慢げに周囲に吹聴し、やったことの価値を認めてもらおうとしたり、他に広げようとします。

謙虚であることをよしとする日本の組織では、何かと出る杭は目立つため、上司としては控えめに振る舞わせることに苦労します。

ケース6　集団に合わせず単独行動に走る

●周囲と協調しない
●変わり者と思われることを気にしない
●組織への帰属意識が低い

このタイプの部下は、集団に和して行動することが苦手で、周囲に対して気を遣わず、自分勝手に単独で行動してしまうことが少なくありません。

上司としては、チームワークで動くことの重要性を教え込むのがたいへんです。

ケース7　過去のやり方を軽視する

●これまでのやり方を軽視する
●変えることによる悪影響を考慮しない
●地道な改善努力を評価しない

このタイプの部下は、普通の人がリスクだと認識して慎重に扱うものをリスクとは考えず、むやみにチャレンジしてしまう傾向があります。

障害物があってもアクセルを踏み続ける部下に、脇からブレーキをかけさせるのに上司は骨を折ることになります。

5　使いづらい部下の本来の持ち味

前節でご紹介した7つのケースの使いづらい部下は、見かけでは上司や組織にとってマイナスの側面（A面の見かけ）ばかりが目立つかもしれません。しかし、彼らの特性は、ひと呼吸置いて裏側から見ると、実は違った要素（B面のココロ）で捉えられることも少なくありません。

それを次に見ていくことにしましょう。

ケース1　目的に納得しないと動かない部下

A面の見かけ

指示してもなかなか動かない

- 上司の命令でも納得しないことがある
- いちいち質問ブレーキをかけてくる
- 一徹な思いを押し通そうとする

B面のココロ

仕事の意味や目的を考え続ける

- 仕事の原点や本質を自分の頭で考える
- ぶれない判断軸を持つ
- 周囲の意見に左右されない

このタイプの部下は、ものごとの本質を考えることに優れています。

したがって、形式的な進め方では見えない問題の本質をズバリ捉えて、その解決に力を発揮することが得意です。

ケース2　社内調整よりお客様を優先する部下

A面の見かけ

社内秩序を尊重しない

●社内の暗黙の力関係や序列に従わない
●上司の頭を飛び越える
●組織の境界を無視して動く

B面のココロ

お客様のために徹する

●顧客のニーズや困りごとを傾聴する
●顧客貢献のテーマをいつも考える
●顧客に感動を与えたいと切に願う

このタイプの部下は、お客様の立場を最優先で考えます。

したがって、社内の事情ばかりに目が行きがちな他の社員には見えない、お客様の本当のニーズを発見することが得意です。

ケース3　創造的な仕事にあくまで固執する部下

A面の見かけ

決まり切ったことをやるのが嫌い

●ルーチンワークでは満足しない
●義務よりも自分の興味を優先させる
●仕事の効率化に目を向けない

B面のココロ

自らの創造性で勝負する

●自分の強みを自覚している
●人と違うものの見方をする
●ユニークな仮説を導き出す

このタイプの部下は、自分ならではの創造性を活かした仕事のしかたを目指します。

したがって、他社や他人のマネではない独自の強みを発揮します。

ケース4 計画そこそこにすぐトライする部下

A面の見かけ

何ごとにもすぐ手を出してよく失敗する

- 周到な準備を怠る
- 成功確率に関係なく動き出す
- 失敗してもあまり反省しない

B面のココロ

失敗を怖れず、即実行する

- 一歩踏み出すのに躊躇しない
- 現地現物を大事にする
- 試行錯誤しながら答えを探る

このタイプの部下は、計画したらためらうことなくすぐに実行します。

したがって、先の見えない中でも試行錯誤をしながら答えを見つけ出すことが得意です。

ケース5 常に問題提起せずにいられない部下

A面の見かけ

派手好きで、目立ちたがる

- 自信過剰である
- 問題は言わないと気がすまない
- 大風呂敷を広げる

B面のココロ

臆せずズバリ問題提起する

- 鋭い問題意識を持っている
- 言いにくいことも問題提起する
- 周囲にインパクトを及ぼす発信をする

このタイプの部下は、鋭い視点で問題を取り上げようとします。

したがって、長い間誰も手をつけなかったような問題を掘り起こし、解決していくことが得意です。

ケース6　協調よりプロとしての成果にこだわる部下

A面の見かけ

集団に合わせず単独行動に走る
- 周囲と協調しない
- 変わり者と思われることを気にしない
- 組織への帰属意識が低い

B面のココロ

プロとしての成果にこだわる
- 自立した姿勢を貫く
- 高い専門性を磨く
- 専門性を成果につなげる

このタイプの部下は、自己の高い専門性を武器に成果を出そうとします。

したがって、周囲が〝なあなあ〟でものごとを進めている中でも、あえて厳しい選択をして本物の成果を目指します。

ケース7　継続よりひたすら変革しようとする部下

A面の見かけ

過去のやり方を軽視する
- これまでのやり方を軽視する
- 変えることによる悪影響を考慮しない
- 地道な改善努力を評価しない

B面のココロ

しがらみを断ち、変革を実行する
- 先の見えない状況をチャンスと捉える
- 既存のしがらみを大胆に捨てられる
- 不屈のチャレンジを続ける

このタイプの部下は、大きなエネルギーを持って変革に当たろうとします。

したがって、従来の延長線上ではなく、リスクを冒さなければ獲得できない機会をものにするのが得意です。

6　使いづらい部下を使いこなすための5ステップ

本章の最後に、**使いづらい部下を使いこなすための方法**をご紹介しましょう。

次章以降でケース別に具体的な工夫や注意点についてそれぞれ説明しますが、おおもとの原則は左ページ図の、5ステップです。

この方法は、オーソドックスな人材マネジメントのやり方にもとづいています。

使いづらい部下に対してだからこそ、基本に忠実にやることが大事なのです。

①認識する

最初のステップは、部下の特性を言動を通して**しっかりと観察する**ことです。

使いづらい部下は目立ちやすい存在でもあるため、周囲での評判などが定着しており、本人をありのままに見ることができなくなっている可能性があります。

極力、先入観をなくして、本人に向き合うことが大切です。

②育成する

使いづらい部下の特性をつかんだら、まずはプラスの側面を前面に出したり、より伸ばす方向

使いづらい部下を使いこなす５ステップ

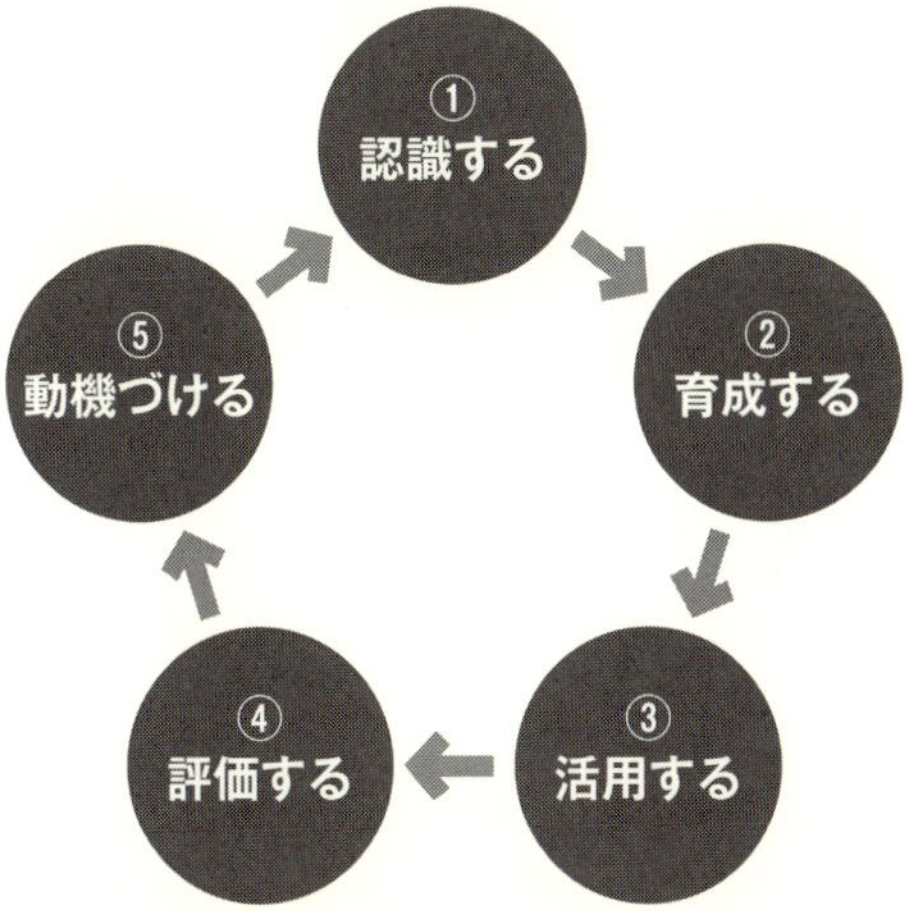

で関わる必要があります。

ケースごとに育成するポイントは異なりますから、あなたの部下がどのケースにもっとも近いかを判断して関わっていきましょう。

プラスの側面を育成する方向のメドがついたら、マイナス面が目立たないように本人が意識したり、行動するようにサポートしていきます。

③活用する

使いづらい部下の特性を育成していくための関わり方ができたら、次にそれを使って**よりよい成果を出す**べく後押しします。

ここでも、ケースごとに活用するポイントは異なりますから、あなたの部下がどのケースにもっとも近いかを判断することが大事です。

④評価する

①から③のステップを踏んで成果が出たら、間を置かずにそのプロセスを一緒にふり返ることが

重要です。

使いづらい部下が、自己の**特性を活かした成果の出し方**を認識できれば、その再現性を高めることが可能になるからです。

また、上司にとっても使いづらいという認識は、このステップを経ることで徐々になくなっていくはずです。

なお、各ケースに「**成果ふり返りワークシート**」を用意し、成果を**（1）背景→（2）狙い→（3）工夫→（4）結果**という順で見ていくことができるようにしているので参考にしてください。

⑤動機づける

④は短期の成果のふり返りですが、もう少し中長期の視点で使いづらい部下の将来にわたるキャリアをサポートするのが最後のステップです。

ある領域で突出した能力を持つ彼らは、自分自身の仕事に強い信念やこだわりを持っていることが多いため、このようなケアが有効なのです。

なお、各ケースには「**動機づけワークシート**」を用意し、**（1）部下のもやもや感→（2）部下の思い→（3）上司の思い→（4）互いの接点**という順で、上司と部下がお互いの方向性に共通項を発見できるようにしているので参考にしてください。

次章以降では、ケース1から7までのストーリーを追って、7人の使いづらい部下に対して、上司としてどのように関わっていけばいいのか解説していきます。

なお７つのケースでは、多種多様な業界や職種の使いづらい部下の事例を登場させています。どれも、私自身がこれまで勤務した先の同僚・部下として接した人、コンサルタントとして支援したクライアント先の社員、あるいはプライベートの友人などの実例をモデルにストーリーとしてアレンジしたものなので、リアリティを持ってお読みいただけることと思います。

2 章

〈ケース 1〉
目的に納得しないと動かない部下

A面の見かけ ⇔ **B面のココロ**

指示してもなかなか動かない

- 上司の命令でも納得しないことがある
- いちいち質問ブレーキをかけてくる
- 一徹な思いを押し通そうとする

仕事の意味や目的を考え続ける

- 仕事の原点や本質を自分の頭で考える
- ぶれない判断軸を持つ
- 周囲の意見に左右されない

わがままが原因で、デザイナーから販売職に飛ばされたＡさん

①認識する――「上司の指示に従わない、わがままな部下」……

アパレル企業に勤務するＡさんは、服飾専門学校で基礎から技術を学び、卒業後にこの会社に入社。デザイナー職に就き、お客様が服を着たときの満足感を想像し、ていねいに仕事に取り組んできました。

しかし、Ａさんは自分の信念にこだわるあまり、他人の意見に耳を貸さない面があり、周囲の評判はあまりよくありません。職場の上司や同僚は、「デザイナーとはいえ、私たちは組織に属する立場。ときには妥協や柔軟な対応も必要だわ。オトナの判断ができないからダメなのよ」と苦言を呈していました。

そんな彼女の弱点が浮き彫りになったのは、有力な得意先からの「大量のデザインを急ぎでつくってほしい」という特注オーダーがきっかけでした。同社がつくる服のコンセプトは、細部にまでこだわった「緻密さ」ですが、このオーダーでは会社の方針とはかけ離れてしまいます。

しかし、この仕事は業界自体の売上げが低迷する中で会社が生き残っていくため、トップの決断で引き受けたものでした。トップはワンマンな経営スタイルのため、この決断がどのような意図で下されたのか、誰にも知らされていませんでした。

自分の仕事を優先させた結末

デザイン部門はこれまでにないタイトな納期が求められ、Aさんにも自分の仕事はいったん保留にし、その仕事に集中するよう上司から指示が下されました。しかし彼女は納得ができません。

「なぜ急に、こんな仕事をやらなくてはならないのですか⁉　私はやりたくありません」

「私にも事情はよくわからないのよ。でも、とにかく納期は絶対なの。もう決定した仕事なんだから、不平を言う暇があったら手を動かしなさい」

「でも、このオーダーはウチのコンセプトには合いません。いくら売上げを上げたいからって、節操もなく服をつくるべきじゃないと思います」

「トップの命令なんだから、やるしかないでしょう！　子供じゃないんだから、そのくらいの分別は持って。あなたのこだわりを聞いてる場合じゃないの。もう話は終わりよ」

うんざりした表情の上司は、その場から去っていきました。納得のいく答えが得られなかった彼女は、考え込んでしまいました。そして悩んだ結果、指示された仕事には一切手をつけず、自分のやりたい仕事を優先させてしまったのです。

これが引き金となり、Aさんは「上司の指示に従わない、わがままな部下」という烙印を押され、販売職への異動を命じられてしまいました。

彼女を受け入れることになった、店舗マネジャーのHさんは不安でした。デザイナー職から販売職への転向は簡単ではありません。しかも、「わがままで、指示に従わない部下」となると、周囲の販売員との衝突も避けられません。

「彼女を、うまくマネジメントするにはどうしたらいいんだろう？」と頭を悩ませます。

解説

通常の組織では、「自分で考える社員を増やしていかなくてはならない」というかけ声とは裏腹に、仕事の意味や目的をしっかり理解してから動こうとする社員は、面倒くさがられる傾向にあります。

それは、以下のような組織の常識が依然として支配的だからです。

組織の常識・上司の本音

○上司の命令は絶対である。会社が右と言えば、不平など口にせず右を向くべきだ

○仕事の目的をいちいち考える時間があったら、とにかくその仕事を効率的にこなすことに注力せよ

○仕事の中味も大事だが、むしろ態度やパフォーマンスでうまく演出したほうが評価される

上司にとっても、こうした組織の常識に則って素直に動く部下のほうが、圧倒的に扱いやすいものです。結果が第一の上司が部下に求めるものは、黙って走る遂行力です。個人の純粋な思いに応じることなど、ただ骨の折れることでしかありません。

●Aさんのどこがまずいのか

Aさんは、典型的な「目的に納得しないと動かない部下」です。こういったタイプは、いくら社長命令で降りてきた指示でも、自分が納得することができなければ、しつこく食い下がります。忙しい上司としてみれば、何とも面倒くさい存在でしょう。

しかしAさんも、意味もなく反抗しているわけではありません。彼女は、「会社のコンセプトに則った服づくりが何よりも優先されるべきで、それでこそ会社とその製品がお客様に支持されるのだ」という確信を持っているのです。

仕事に対して、一社員として経営者と同じ目線で信念を持つこと、それ自体は素晴らしいことです。しかし、彼女のようなタイプの場合は、自分の信念にこだわるあまり、組織人として臨機応変に動くべき局面で、動きを止めてしまうのが問題です。

このケースの場合、会社が彼女に求めた仕事の最優先事項は、とにかく納期に間に合わせることでした。しかし、オトナの判断ができないAさんは、こういった優先順位を瞬時に察知して動

く、ということが苦手です。

このようなタイプは、与えられた仕事に対して、いちいち意義を見出そうとしてしまうからです。それゆえ迅速な行動に移れないばかりか、自分の軸でものごとを捉えようとするため、ときには判断を誤ってしまうことも見逃せない問題点です。

現にAさんは、納期が決められているオーダーを放置したまま、別の仕事を優先してしまいました。明らかに判断ミスと言えるでしょう。

これだけ問題点が明らかなのですから、Aさんのようなタイプは、「ダメな部下」と思われて当然でしょう。しかし、「強い信念を持っている」という要素は、うまくマネジメントすれば、大きく活躍できる可能性も秘めています。

このケースで、店舗マネジャーのHさんは、上手にAさんをサポートすることで、「デキる部下」へと見事に変身させました。いったいHさんは、どのような行動をとったのでしょうか。

②育成する――考えをしっかり聴いてあげる

店舗の販売職に異動になったAさんですが、販売の経験はまったくありません。しかし、デザイナーの仕事をしてきた彼女は、服について専門的に語れるため、それを販売職になっても活かしたいと考えていました。

そんな彼女を周囲の先輩販売員たちは、「服をつくるのと売るのは別。新米の彼女に、すぐ販売ができるはずがないわ。まずはお手並み拝見ね」と冷ややかな目で見ていました。

一方、上司のマネジャーHさんは悩んだ挙句、彼女とすぐに面談をすることにしました。

元デザイナーらしいAさんの提案

「ウチの店舗を見てどう感じたか、率直に教えてくれるかな」

「商品の品揃えや配置、それに雰囲気はとてもいいと思います。ただ、販売スタッフのお客様とのやりとりは問題です。ありきたりなトレンドの話や決まり文句ばかり並べて、お客様に合う服を選ぶのに役立っているとは思えません」とAさん。

「なるほど、きみの言っていることはよくわかる。しかしスタッフたちも、どうすればお客様に関心を持っていただけるかを考えて、手探りで自分のスタイルにたどり着いたんだ。それは理解してほしい。で、それについて何かアイデアがあるのなら、聴かせてくれるか」

「はい！　私が服をつくるうえでいちばん気にしていたことは、本当にお客様に合う服とは何か、ということでした。お客様の多くは年配の女性ですよね。若いうちは気に入ったデザインの服を選べばすっと服が馴染みますが、年をとって体型が変わってくると、そうはいきません。だから、お客様は自分の体型に合う服を手間暇かけて選んでいるはずです。

そこで、私たちがプロの販売員として、お客様の体型にもっとも合う服を提案できたらいいと思うんです。そのためには、服の素材や構造といった基本的な知識が必要です」

「ということは、スタッフはもっと服のことを勉強しなくてはならないと言いたいんだね?」

「そうです。私だけでなく、接客の経験が豊富な先輩たちが服を学ぶことのメリットって、大きいと思うんです。販売員が、これまでになかったメリットをお客様に提供できたら、満足度もすごく上がりますよね? そうだ! 私、その勉強会を企画してもいいですよ」

「よくわかった。しかし、いきなり新人のきみが勉強会を主催しても、みんな参加しづらいだろうな。では、こういうやり方はどうだろう? きみは販売職としては経験がもっとも浅いわけだから、まず先輩たちの接客のいい点を見つけてそれを身につけてほしい。その上で、きみが考えている販売スタイルを存分に試してみるといい。

それがどんな結果につながったかについては、最初のうちは私になるべく頻繁に報告してくれるかな。もし、きみのやり方がうまくいくようだったら、私からスタッフに勉強会をやることについて提案してみよう」

解説

目的に納得しないと動かない部下は、周囲の意見に安易に惑わされず、現状を自分の頭で考え抜くという特徴があります。そこで、周りの意見と食い違うこともしばしば起こりますから、そのような状況を、上司が部下にわかる言葉で語りかける必要があります。

また、上司から一方的に伝えるだけでなく、彼らの考えをしっかりと聴いてあげることも非常

に重要です。

●Aさんのような部下を育成するためのポイント

○職場で起きていることを事実ベースで一緒に確認する
○部下の意見に違和感を感じても、まずは受け止める
○部下が納得しやすく、かつ上司として方向づけできるような提案を見つける

●Hさんは、Aさんにどのように関わり始めたか

Aさんを職場の先輩に預けても衝突する危険性があるため、Hさんはまず自分で面談の場を持つことにしました。

トラブルが予想されるような場面では、多少の手間がかかっても、**「上司が自分の言葉で語りかける」**ことが重要です。

そしてHさんは、「販売職とはこういうものだ」と諭す前に、店舗の感想を求めました。現場の人間にとっては日常になっている職場を、Aさんはきっと違う視点で見るだろうと想像したからです。これが後に、非常にいい結果を生むことになります。

このようにAさんのようなタイプには、常識を押しつけるよりも、**まず話を聴いてあげる**ほうが有効です。彼らの意見は、組織にとってプラスになる斬新な力を秘めていることがあります。

そうした可能性をむやみに押さえつけることなく、状況に応じてうまくすくい出してあげたいものです。

このケースにおいても、Ａさんは自分なりの視点から、「販売スタッフに専門的知識が乏しいため、お客様に本当に合う服を販売できていない」という問題を提起してきました。

しかしＡさんは、まだ店舗に立ったこともない新人の立場。上司としては、「注文や文句を言う前に、まず見習うべき点があるだろう」と憤慨するところです。

しかしＨさんは、それをすぐ指摘することはやめ、いったん彼女の考えを受け入れることにしました。ここで彼女の考えを否定すれば、コミュニケーションのシャッターを降ろしてしまうかもしれない、と懸念したからです。しかも深く話を聴いていくと、Ａさんはかなりしっかりした根拠を持って現実を判断していることもわかってきました。

ただし、たとえ彼女の言っていることが正しいとしても、彼女を野放しにすれば、他の販売員と激しく衝突することは目に見えています。新米の意見を、職場の先輩たちが素直に聴くはずがないからです。

こういった場合、余計なトラブルを避けるためには、上司が介入して上手に舵取りをする必要があります。

Ｈさんは、Ａさんの「やりたいことを全面的に認めて」モチベーションを保ったうえで、「先輩たちの接客のいい点を見るように」と念押しして、「自分への報告・相談」を約束させました。

③活用する――部下のアイデアをサポートする

いよいよ、販売の現場に出ることになったAさん。職場の先輩たちも、デザイナーあがりの新米販売員がどんな接客をするのか興味津々です。というより実は、お客様を前に販売経験のない彼女がシドロモドロになってしまうシーンを、半ば期待していました。

開店時間がきて、お客様が来店し始めました。Aさんは、お客様が商品を見てまわる姿を横目に見ながら、どのタイミングで声をかけようかと焦りつつ、自分に言い聞かせました。

「私たちの役割は、お客様の服の悩みに応えるコンシェルジェになること。『売りたい』が見える態度で押しつけてもダメだわ」

専門知識を活かしたトーク

先輩販売員が巧みなトークでさりげなくお客様に接する様子に、ますます焦りを感じ始めたとき、Aさんの耳にお客様の声が響きました。

「あの、ちょっといいかしら。この服を試着したいんだけど」

Aさんは、お客様が示した服を持って試着室に向かう間、その服のシルエット、風合い、素材等について、簡潔に特徴を伝えました。そしてお客様が試着した姿を見て、服がお客様にとてもフィットしていると感じたため、その理由について服のディテールや構造を交えて説明をしました。すると、そのトークはお客様の「この服がほしい」という気持ちを自然に高め、お買い上げいただくことに成功したのです。

　このあとも彼女は、他の販売員とは違う、服の専門知識をお客様に合わせてさりげなく伝えるという接客スタイルを活かして売上げを伸ばし、何と先輩社員を凌ぐ結果を出しました。

　Ａさんが、自分が考えた販売方法で結果を出せたことに自信をつけた頃合いを見計らい、ＨさんはＡさんと話す機会をつくりました。

「調子はどうだい？」

「やっぱり予想どおりです！　プロの販売員の、専門的で的確なアドバイスが必要とされていると感じました。販売員の意識が変われば、あの店は他の店と違うと認識してもらうことができて、確実にファンは増えるはずです」

勉強会の実施をサポート

「実際にきみはそれを実践して、他の販売員よりも売上げをあげているわけだから、説得力があるね。もう少し実績をあげて他の人が納得した頃、例の計画を始めよう」

　数ヶ月もたつと、Ａさんがプロの販売員として明らかに他の人とは違う存在感を示していることを、先輩たちも認めざるを得なくなりました。彼女の技を何とか盗みたいと思う人も出始めているようです。

そんな空気を察知したHさんは、勉強会を実施することにしました。

「Aさん、前に話していた服の基礎知識についての勉強会、そろそろやってみようか」

「私も、今ならできると思っていたんです！　早速、資料をつくります」

「私もサポートするから、ぜひがんばってくれ」

解説

自分の担当する仕事の原点が何かを常に問いたがる部下は、従来のやり方では成果が出にくい環境下でも、自分の頭で改善策を考えられるという特性があります。既存のやり方を疑ってかかり、「本来のあるべき姿は何か」を常に考えている彼らは、新しい局面を生み出すことができるのです。それを引き出し、実行につなげることができれば、閉塞状況の突破口を見つけられる可能性も出てきます。

そのためには以下のようなポイントを意識しながら彼らに関わっていくことが大事です。

Aさんのような部下を活用するためのポイント

○自分の頭で考え抜くための問いを投げかける
○仕事の原点や本質についての考えにじっくり耳を傾ける
○部下が考えたアイデアの試行を後押しする

Ｈさんは、Ａさんをどのように活用しようとしたか

Ｈさんは、Ａさんのやりたがっていた勉強会の本格始動を決意しました。

アパレル業界のマーケットがますます厳しさを増すことが予想される中で、これまでの販売方法を続けていても限界があることは、Ｈさん自身も感じていました。

Ａさんのやり方は、考えてみれば服を売るという仕事であれば当たり前のスタイルなのですが、その基本を忘れて小手先だけで対応しようとしていたことに改めて気づかされたのです。まさに、新米販売員であるＡさんの初心のアイデアに、起死回生のチャンスを見たわけです。

事態が好転したのは、Ｈさんがいくつかのポイントを押さえた上でＡさんを上手に活用できたからです。その行動でとくに注目したいのは、Ａさんの実績を**周囲も認めざるを得ない**雰囲気になるまで時間をかけたことです。

Ａさんのようなタイプは、意見を通すための根回しや時間をかけてものごとを構築することを軽視する傾向があります。今回のケースでも、Ｈさんがいなければ、すぐにでも勉強会を始めようとして失敗に終わっていたかもしれません。また、余計な敵もつくってしまったでしょう。ですから、このタイプの部下は上司がうまく**コントロールし、先導してあげる**必要があるのです。

しかし、ひとたびＧＯとなれば、このタイプほどラクな部下はいません。確かに目的や意味を確認しないと動かない面はありますが、一方でこのケースのように、目的を上司としっかり共有

すれば、もともと自分で考えて行動する力を持った人材なので、自分からどんどん動き始めます。

上司としては、いちいち細かいところまで見る必要がなく、大筋の方向性が間違っていないかだけを確認していればいいのですから、手もかかりません。

④評価する――功績を認め、さらに飛躍を期待する

成果が出た時点でのふり返り

勉強会が軌道に乗り始めた頃、HさんはAさんを会議室に呼びました。

「さて今日は、きみが異動してきてからこれまでについて、一緒にふり返ってみたいと思うんだ」

「私も店で走り回っていると、自分のやっていることが正しいのかどうか、わからなくなることがあるので、機会をつくってもらってありがたいです」とAさん。

「まずは何を置いても、洋服のプロとしての専門知識を最大限に活かし、お客様にもっとも合う服を買っていただくスタイルを持ち込んだ功績は大きいね」

「ありがとうございます。私が信じていたことを評価していただけてうれしいです」

「社内でも、デザイナーから販売への異動は初めてだろう。なぜ、そんな大きな職種転換があっても成功できたのかな?」

「デザイナーと販売では、必要とされるスキルもまったく違うはずだと思って、異動が決まったときは悲観的でした。でも、やってみてわかったのですが、私が大事にしたいのは、『お客様

が自分らしいスタイルをつくるのにウチの服が役立っている』ということだったんです。ですから、それさえブレなければ、どちらの職種でもできることはたくさんあると気づくことができたのが、前向きになれたきっかけですね」

「販売もデザイナーも、目指すところは一緒だというわけだね。よくわかった。今は販売のかたわらで、他の販売員に専門知識も教えてくれているわけだけど、やっていて何か感じることはあるかな？」

飛躍への新たな発見

「はい。みなさん服が好きで、お客様に合う服を買っていただきたいという思いは一緒だと思います。でも、実際にお店に立つと売上目標に追われてしまって、どうしても『いかに多く売るか』ばかりに集中してしまう気がするんです」

「新たな問題点を見つけたわけだね。その対策はあるのかい？」

「それは…まだわかりません。でももしかしたら、私たちのように洋服のプロとしての勉強をすることが、解決の一歩にはなるかもしれないですよね。お店ですぐに活きることはないかもしれませんが、長い目で見れば必ず売上げにも貢献できるはずだし」

「そうだね。アパレル業界も確実に地殻変動が起きているのは事実だ。これまで日本では、服を売ることにそこまで専門性は問われなかったけど、これからはヨーロッパと同じように販売職が専門性を持つことが必須になる時代がやってくるだろうね」

「それって、すごく面白いですね。私たちがやっていることが、まさに活かせそうじゃないですか。そうか、そんなふうにアパレル業界全体の動きを考えると面白いですね」

「きみは、地殻変動の中でもわが社を強力に浮き立たせていくアイデアが出せると思っている。新しい時代が来る前に、ウチの店は一歩先を行きたいんだ。期待しているよ」

◎「成果ふり返りワークシート」の使い方

部下がしっかりしたプロセスを踏んで成果をあげたら、あまり間をおかずにその**プロセスを一緒にふり返ることは、人材育成の鉄則**です。このふり返りは、「とんがった使いづらい部下」にとっても有効です。

彼らが「上司にとって使いづらい」という理由だけで、本来出せる成果を出せていなかった場合は、小さくても意味のある成果を出したことを、**なるべく具体的に評価する**ことが重要です。それは彼らに、自己の特徴を活かした仕事への取組み方を認識させ、さらにその再現性を高めさせるためです。

このプロセスを効果的に行なうために、次ページに**「成果ふり返りワークシート」**を用意したので活用してください。

（1）背景　まず、どんな背景や状況があって、このプロセスへの取組みを始めたのかを確認し

成果ふり返りワークシート

1）背景 （Why）	
2）狙い （What）	
3）工夫 （How）	
4）結果 （Result）	

ます。そもそも、なぜこのようなことをすることになったのか、という理由があるはずです。「いつ」「どこで」「誰の」「どんな」投げかけから始まったのか等を記します。

（2）狙い　次に、この取組みで目指した「狙い」や「ゴール」を確認します。当初はどんな意図や狙いを持っていたのか。場合によっては、取組みの途中で狙いを修正することがあったかもしれません。それも含めて記していきます。

（3）工夫　狙いどおりに実現するためには、他にはマネのできない自分なりの工夫やしかけがあったはずです。

（4）結果　数字で出せるものはもちろん具体的に記しますが、ここでは数字だけでなく、質的な変化として、従来のやり方と比べてどこに違いが出てきたかを明確化することが重要です。

このワークシートの流れに沿って、ふり返りの対話を進めていけばＯＫです。対話が終わった後、改めて部下に記入させることで効果はさらに高まります。
また、このワークシートは業績評価時にも非常に有用です。

解説

このタイプの部下は、自分の仕事に対する付加価値の大きさを認めてもらうことで、もっとも大きな達成感を得ます。そのため、仕事をやり遂げた直後に「ふり返り」の場をつくり、成果を一緒に確認すれば、モチベーションを高く保ったまま次の仕事につかせることができます。

成果ふり返りワークシートを使うと、与えられた仕事をこなしたというだけでなく、「現在の環境をどのように位置づけたのか」「ありたい姿に向けてどんな手を打ったか」といった深い掘り下げができます。

Ａさんが、ふり返り対話後に自分で記述したワークシートは、次ページのような内容になりました。

●Ｈさんは、Ａさんをどのように評価しようとしたか

Ｈさんは、まずＡさんが自分なりの信念で、「服のプロ」としてお客様に付加価値をつけた販

Aさんの成果ふり返りワークシート

1）背景 （Why）	**デザイナー職から販売職に異動。新たな視点で店舗を見て、販売員の売り方に疑問を持った**
2）狙い （What）	**多くの販売員が「服のプロ」としての知識を身につけて、お客様にもっとも合うものを提供できるようにする**
3）工夫 （How）	**「服のプロ」であることが売上げアップにつながることを証明するため、この販売スタイルで自身の売上げ実績を伸ばす**
4）結果 （Result）	**新しい販売スタイルは、服に対するお客様の関心を高め、周囲を凌ぐ売上げを短期間で達成。その実績をきっかけに、共感する販売員を集めて服の基礎知識を学ぶ勉強会を立ち上げることに成功した**

売スタイルにチャレンジして、成果をあげたことを評価する言葉を発しました。

第一に、Aさんの実績をしっかり認めていることを伝えることが重要です。Aさんも素直に喜び、Hさんの投げかけにより耳を傾けて、考えようというモードになっています。

その後、Aさんがなぜ販売職というまったくの異分野に転じたにもかかわらず、短期間で成果が出せたのかについて、自らをふり返り、自分の言葉でそれを意味づけできるような質問を投げかけました。Aさんが成果をあげられた**ポイントを自分で気づかせる**ことで、さらなる主体性を引き出すことができるからです。

ふり返り対話の後半で、Aさんの新たな問題意識を引き出しています。この時点でAさんは、その問題を解決するイメージを持っていませんが、Hさんは業界で起きている大きなトレンドの話も持ち出し、ヒントを与えています。

Aさんのようなタイプの部下には、過去の実績をただ評価するだけでなく、**常に次の問題を考えさせる**ことで、持てるポテンシャルをさらに発揮させる可能性が高まるのです。

⑤動機づける――将来につながる投げかけをする

二ヶ月後、Aさんを昼食に誘ったHさんは、「今の仕事にもだいぶ慣れてきたように見えるけど、もし何か困ったことや悩みがあれば聴かせてくれないか」と切り出しました。

「そうですね、お店のみなさんにも支えてもらってますし、お客様に喜んでいただけるのはとても楽しいです。でも……実は最近、ちょっともやもやしていることがあるんです。せっかくなので聴いてもらえますか？」と顔を曇らせるAさん。

新しい提案に耳を傾ける

「そのための場なんだから、何でも話していいよ」

「販売員も、洋服のプロとしてお客様に接するべきだ、というのが私の考えです。今、お店でもそれを認めていただいているのはありがたいですし、その意識が行動として出てきているスタッフもいて、やりがいも感じます。でも、会社全体を見てみると、まだまだ一部の小さな動きでしかないんですよね」

「販売経験のなかったきみが、短い期間で周囲にここまで影響を与えていることはすごいと思うよ。しかし、その範囲はきみが直接関わるところに限られているというのは確かだね」

「どうせなら、社の販売員全員がお客様へのスタンスや知識を共有できたらいいのに、と思うんですよ。お店や販売員によってお客様への接し方がバラバラでは、ウチならではのブランドイメージなんてつくれないと思うんです」

「今の勉強会を、全社で使えるマニュアルに結実させるわけか。いいじゃないか。そこまで力説するからには、何か根拠がありそうだね」

「はい、実は今、勉強会を主催していて、すごく成果を実感しているんです。ですから、これを私たちだけで終わらせるのはもったいないな、と思うんです。

たとえば、あるベテラン販売員の方は、お客様との会話に変化が出てきたと言っていました。こちらから、お客様にとって意味のある情報を提供していると、どんどん興味を持ってくれて、会話の内容も自然にレベルが高くなる、と言うんですよ」

〝自己実現〟の方向性を確認する

「こちらのアクションによって、お客様のファッションに対する感度がさらに磨かれていくとすれば、それは素晴らしいことだね。私も、ウチの販売員がそういった方向に変わっていくことは必要だと思うよ。あとは、どんな時間軸で進めていくかだな。前にも言ったけど、自分のやり方に自信を持っている販売員は少なくないから、ちゃんと受け入れられる環境をつくらないとね」

「さっきHさんがおっしゃった、マニュアルの全社配布はすごくいい案だと思います。準備ももう終わっているようなものです。すぐに提案するわけにはいかないでしょうか」

「ウチの現状を考えると、まず作戦を練ることが大事だと思うんだ。性急にやってしまうと、余計な抵抗に遭って、せっかくの取組みが潰されてしまうことになるかもしれない。

さっき、きみが言っていたような小さな変化を、勉強会を活用しながらどれくらい増やせるかにまずは集中してみよう。この店のやり方が変わって、実績も残せたらトップにも伝えやすくなるからね」

◎「動機づけワークシート」の使い方

「上司が部下に期待すること」と、「部下が自分の仕事を通じて実現したいこと」をお互いに明らかにして、共通項をできるかぎり増やし、違う部分をなるべく減らすことは、ビジネスコーチングの基本です。

とりわけ、Aさんのような能力のある部下は、自身の仕事に強い信念やこだわりを持っていることが多いものです。このため、仕事の目的とは別の〝自己実現〟を狙っていることも多く、知らない間に両者の実現したいことにズレが生じていた場合、その差は時間とともにどんどん大きくなり、取り返しがつかなくなってしまいます。

動機づけワークシート

1)部下のもやもや感（Why）	
2)部下の思い（What-1）	
3)上司の思い（What-2）	
4)互いの接点（How）	

この両者のズレを埋めるためには、上司が短期的な成果だけでなく、中長期の視点に立って、**彼らのキャリアイメージの実現を支援する**ことが必要です。そうすることで、両者にとってのメリットを生み出すことができます。

また部下は、今の仕事が自分の描くキャリアイメージのどこにあるのかを明確に位置づけられることによって、次に果たすべき目的をはっきりと意識し、さらに力が発揮できるようになります。それは上司にとっても、部下の活躍を通して、より組織の成果が高められることを意味します。

このプロセスを効果的に行なうために、**「動機づけワークシート」**を用意したので活用してください。

(1) 部下のもやもや感　今の仕事をする中で、部下が感じている、「本当はこんなことがやれるともっといいのだけれど、このような制約や障害があってできずにいる」という思いを率直に引き出します。緊急の問題でなくても、何かもやもやしていたり、違和感があることを記します。

（2）部下の思い　部下のもやもや感をさらに掘り下げ、「やっぱり、自分はこれをやってみたい」という少し先の目的やゴールを明らかにしていきます。

（3）上司の思い　同時に、今度は上司が自分自身の視点から、ぜひ実現したいことを部下に示します。

（4）互いの接点　その上で、お互いが実現したいことの接点が見出せないかをどうかを探っていきます。能力のある部下の場合、突破力が強いので、ここでより大きなビジョンを両者で共有できたら、彼らのポテンシャルをさらに発揮させられる可能性が高まります。

このワークシートの流れに沿って、動機づけの対話を進めていけばＯＫです。対話が終わった後は、上司が自らここに記入して、部下と共有することで効果はさらに高まります。

「成果ふり返りワークシート」は、部下が自らの行動をふり返り、自分自身で記述すると効果が高いのですが、本シートは基本的に上司が書き、今後のマネジメントに活用するといいでしょう。

解説

Aさんのようなタイプの部下には、自分の仕事を通じて理想を追求しようとする人材が多いものです。ときに上司のほうが、その目指すところの大きさに驚かされることも少なくありません。このような場合に、上司にはその理想を現実に照らしてしっかり判断し、その見解を率直に部下と共有すること、そしてより大きな成果達成に向けて協力していくようなマネジメントが求められます。

●Hさんは、Aさんをどのように動機づけようとしたか

大きな成果をあげ、仕事ぶりも安定してきたAさんに対して、Hさんはさらに彼女のもやもやを引き出そうとしました。これはとてもよいアクションです。

このタイプの部下は、**常に新たな目的**を与えていないと、モチベーションががくんと落ちることがあります。また、経験を積むたびに新たなアイデアと現状のギャップにぶつかるので、ときにはガス抜きも必要です。

このため、機を見て新たなアイデアに対する判断や軌道修正を行ない、適正な目的にしていかなければなりません。

Hさんは、Aさんの言葉に驚きました。自店舗にプロ販売員としてのスタイルが浸透するだけでは満足できず、全社に広げられないかということまで考えていたからです。

Hさんが書いた、Aさんの動機づけワークシート

1）部下のもやもや感（Why）	プロとしての販売員の教育は浸透してきたが、あくまで自分の店舗だけに限定されているのが現状である
2）部下の思い（What-1）	社の販売員全員がプロの販売員としてのスタンスや知識を共有し、他社と差別化されたブランドイメージを築きたい
3）上司の思い（What-2）	基本的にはAさんの思いに同意。しかし、販売員はそれぞれにオリジナルのスタイルや誇りがあり、売り方を統一させるのは難題だ。じっくり時間をかけるべき
4）互いの接点（How）	まずは、自分の所属する店舗における浸透度をより高めていき、それが売上げにもつながるという確固たる実績をつくったうえで、トップを巻き込んでいく

確かに、この販売スタイルを会社全体のものにすることができれば、他社との競争優位性を確保できるかもしれません。

しかし一方で、自社の現状を冷静に見た場合、一気にこの方法を導入することはあまりに無謀にも思えました。もしこのまま企画を進めると、早々に頓挫する可能性があります。

だからといって、「機を見て、いつか提案しよう」といったその場しのぎの対応は、このタイプの部下には逆効果です。むしろ信頼を失ってしまいます。

実現に向けて、上司も骨を折る覚悟があることをきっちり伝えることが重要です。

そこでHさんは、組織の現状について自分の見方を率直にAさんに伝え、まずは身近なゴールを設定しました。

このように、「目的に納得しないと動かない部

下」を効果的に動機づけるためには、まず**成果を評価した上で、部下自身から出たアイデアに基づいて、実現可能なゴールを設定**しましょう。

そうすると、部下は持ち前の実行力を十分に発揮し、大きな成果をあげることができます。

3章

〈ケース2〉
社内調整より お客様を優先する部下

A面の見かけ ⇔ **B面のココロ**

社内秩序を尊重しない

- 社内の暗黙の力関係や序列に従わない
- 上司の頭を飛び越える
- 組織の境界を無視して動く

お客様のために徹する

- 顧客のニーズや困りごとを傾聴する
- 顧客貢献のテーマをいつも考える
- 顧客に感動を与えたいと切に願う

お客様第一で脇目もふらず突っ走るシステム開発担当者

①認識する――社内ルールよりお客様優先

顧客ニーズを求めて自分のスタイルを貫く

ＩＴ企業に勤めるＢさんは、開発部門で既存の製品ラインナップとは異なる、新しいソフトウェアを世に出す役割を担っていました。彼は、「職場に閉じこもってシステムを開発しても、それが本当にお客様のニーズに合っていなければ何の意味もない。常に外に出て、お客様が何を求めているかを知るべきだ」という信条の持ち主です。

そのため、Ｂさんの仕事のスタイルは、同僚たちとは大きく異なっており、顧客先を訪問する頻度も群を抜いていました。「あいつはいつも外をフラフラと歩き回って、仕事を真剣にやる気がないんじゃないか。われわれ開発部隊の使命は、いい製品を開発して〝いち早く〟世に出すこと。それがわかってないんだよな」と洩らす同僚も少なくありません。

しかし、Ｂさんは周囲の冷ややかな目を気にすることなく、自分の仕事のやり方を貫いていました。そんな彼のいちばんの「やっかいな行動」は、顧客先から新たなニーズや要望を聴くと、その足で関連する他部署や営業部署に顔を出し、勝手に話を通してしまうことです。

とくに重要だと自身で判断した案件だと、確信犯的に職制を一気に飛び越して開発部門長のところに直に訪ねていくこともあります。たとえ担当外の案件であっても、まったく意に介しません。しかしこの会社には、「部門や部署間でお互いの領域をきちんと定めて干渉はしない」という暗黙の社内ルールがあったため、当然、Ｂさんの行動はルール無視のやり方として煙たがられていました。

部門の幹部層は、以前から彼を〝要注意人物〟と見なしていました。そして、「彼は面倒な案件ばかり持ち帰ってくる。しかも、社内の階層や組織間の秩序を乱すようなやり方を通そうとするのは問題だ。ここは上司のＩ課長に厳しく指導させよう」ということになり、Ｂさんの指導は開発課長Ｉさんの手に委ねられたのです。

周囲に迷惑を及ぼす行動

Ｉさんはそのような状況の中でも、Ｂさんの、顧客のことを第一に考える姿勢や、「何とか役に立ちたい」と行動するポテンシャルを高く評価していました。

Ｉさんは、Ｂさんとの話し合いの場を持ちました。

「Ｂくん、ちょっといいかな。きみのお客様の役に立ちたいという姿勢は私も買っている。しかし、社内ルールを無視して他部署に働きかける強引なやり方は、まずいと思うんだ」

「えっ、僕は何も悪いことはしていませんよ。優先すべきは、お客様のニーズをいち早く反映させることで、スピードが命でしょう。社内でゴチャゴチャやっていてもしようがないじゃないですか」

「確かに、きみの思いはよくわかる。しかし、きみが踏むべき手順を無視して動くと、周囲に影響が出るんだ。みんながやりづらそうにしているのを感じないか？」

「そりゃ感じますけど、でも社内の暗黙のルールやら、やりづらさなんて気にするだけアホらしいですよ。大事なのはお客様ですから」

「基本的にはきみの意志を尊重したいとは思う。しかし、あまり敵をつくってもしようがないだろう。もう少し、周りを意識するようにしてくれ」

解説

今やどのような業界でも、「お客様のために」「お客様本位」という考え方は当たり前になっています。しかし、お客様が大事なことは頭では理解していても、多くの場合、いざ社内調整とバッティングすると後回しにされてしまうのが実態です。

そんな中、社内調整より顧客を優先して走る社員がいると、結果として社内のあちこちに軋轢を生むことになります。それは、以下のような組織の常識が依然として支配的だからです。

●組織の常識・上司の本音

○社内の力関係や派閥、序列、暗黙のルールに従わないと仕事ができない
○上司の頭を飛び越えて、上層部に話を持っていくなど言語道断である
○組織間には「不可侵条約」があり、それを破ると秩序が保てなくなる

●Bさんのどこがまずいのか・放置するとどうなるか

Bさんのようなタイプは、顧客の困りごとや悩みを聴くと、何とかそれを解決できないものかと考えることに夢中になってしまいます。そして、取るべき手続きを無視して、早急に解決しようとしてしまうところに大きな問題があります。

通常は一定の規模の企業であれば、顧客の要望に応じてしかるべき部署が用意されているものです。そしてその部署の担当者が、意思決定する権限を持った上司にしっかり報告・連絡・相談をした上で対応を始める――。それが、明文化するまでもない、組織の暗黙のルールです。

社内調整よりお客様を優先するタイプの部下は、もちろんそのようなルールを知らないわけではありません。しかし、それに従っているとどうしてもお客様への対応が遅くなってしまうため、あえて無視しているのです。

彼らは、社内ルールに対して、「くだらない」「意味がない」という認識を持っており、そのために「無視してもいいものだ」と勝手に自分で決めつけています。

こういった掟破りは、組織のルールに従順な周囲の人間からすれば、自分たちの仕事のやりかたを壊そうとする行為にしか見えません。ここに軋轢が生まれ、このタイプの人間は組織の中でしだいに孤立していくことになります。

「組織人として不適格」という烙印を押され、重要な業務から外されてしまうかもしれません。いずれにせよ、理解ある上司のマネジメントなしには、周囲とうまく歩調を合わせることのできない、むずかしい人材です。

しかしここで注目したいのは、彼らの「お客様第一」という志向です。このタイプは、表面上だけでなく、大真面目に顧客第一主義を貫こうとします。そして、顧客の本当の要望を浮かび上がらせ、その解決のために困難な方法をも試みることができるのです。

そこで上司のＩさんは、Ｂさんのよさを封じ込めることはせずに、彼自身に周囲の見方を理解させようとしました。とにかく、社内でうまく動けるようにすることに重点を置いたのです。

②育成する――周囲の人と連携することの大切さ

手詰まり状態から脱却する

ＩＴ業界は、企業の導入ニーズがすでに一巡して、市場は飽和状態になっています。そのため同業他社も、今は顧客の個々の要求にどう対応するかで手いっぱいです。そこで、Ｂさんは業界横並びを脱して、競合相手がやっていないことをぜひやりたいと考えました。

そんな中、Bさんはお客様から、「IT導入で業務効率は確かに上がったけど、社員間のコミュニケーションはむしろ悪くなっているような気がする」という話を耳にしました。

別のあるお客様は、「昔は、もっと仕事に関係のない雑談をしたり、困りごととか相談があると、ちょっと飲みに行かないかと気軽に同僚や先輩なんかを誘ったりしたね。今はそういうスキマの時間みたいなのがなくなったよなあ」と洩らしていました。

当時はSNS（ソーシャル・ネットワーキング・サービス）が世の中で流行し始めた頃でした。インターネット・ユーザーが、そうしたサービスを使ってプライベートで友だちの輪を広げていく可能性に注目していました。

Bさんはふと思いつきました。

「そう言えば、今浸透しつつある、SNSを使えるんじゃないか⁉　会社の中で社員がタコツボ状態にはまって、仲間とコミュニケーションができなくなっている現状を変えるツールになるかもしれない」

協力者を増やせ！

そして翌日、早速、「社内向けのSNSシステム開発」のアイデアを、同じ部署の同僚に話してみました。しかし同僚の多くは、「ミクシィが流行っているのは無料だからだよ。同じサービスを、企業が有料で買ってくれるとは思えないなあ。それに今、上から求められているのは収益のあがるシステム開発だろ？　目的がズレてるんじゃないか」と取り合ってくれませんでした。

それでも、社内SNSの可能性に執着するBさんは、上司のI課長に意を決して相談しました。

「このシステムは、多くのお客様が本当に困っている現状を解決できると思います。私一人でやってみたいのですが、やらせてもらえないでしょうか。もし失敗したら、責任を取る覚悟もあります。お願いします！」

「Bくん。そんなに思い詰めてやっても、社内で孤立するだけだぞ。もっと社内に協力者を増やさないと。まずは、お客様の困りごとを〝ニーズレベル〟でどのように捉えることができるのか、整理してみたほうがいい。その上で、そのニーズにどれだけ価値あるものがシステムとして提供できるのか、まとめてくれないか」

「わかりました。やってみます」

「開発部門の同僚だけではなく、営業部隊にもそのアイデアを話してみたらどうだ？　興味を持ってくれた営業マンに、お客様の反応を聴いてもらってもいいじゃないか。一人で悶々とやるよりも、そのほうがよほど多くのお客様の声を聴くことができるはずだよ」

解説

このタイプの部下は、顧客の困りごとやニーズを聴くと、「すぐにでも対応しなくては」と考え、必要以上に前のめりになる傾向があります。そこで、「その対応が効果的に進められてこそ、

顧客に貢献できる」ということを理解させる必要があります。

そもそも顧客の生の声は、「つぶやきレベル」であることが少なくありません。顧客のニーズにしっかりと対応するためには、そのつぶやきを明確な課題レベルにまで落とし込まなくてはなりません。それには一人で考えるよりも、上司や社内の関係者と一緒のほうがよりよいアイデアが生まれる可能性が高まることを納得させましょう。

●Ｂさんのような部下を育成するためのポイント

○顧客の潜在的ニーズをもっと明確なレベルに翻訳させる
○顧客の課題解決にとって、より効果的なプロセスを考えさせる
○一人で考えるのではなく、社内の関係者を巻き込ませる

●Ｉさんは、Ｂさんにどのように関わり始めたか

顧客の声から社内ＳＮＳの可能性を思いついたＢさんは、社内に賛同者がいなくても、自分一人でやらせてほしいとＩさんに直訴しました。

そこでＩさんは、どのように考えたでしょうか？

まず、Ｂさんのアイデアは、そもそも開発部門の同僚たちからは相手にされておらず、協力を得られないことは明白です。Ｉさん自身も、そのアイデアがどのくらい可能性があるものなのか

判断がつきません。

もっと優先すべき業務がある状況なら、検討を却下してしまうのが普通でしょう。しかし却下してしまうと、Bさんの情熱に水を差すことになり、彼の会社への不満は大きくなるに違いありません。また、新たな事業の芽を摘むのを避けたいという思いもあります。

またIさんは、社内で知見や経験もない分野にいきなり一人で挑戦するのは無謀だし、何より社内の豊富なリソースを活用しない手はないと考えました。

そこでBさんに、「顧客に、どんな背景や経緯があってそのようなことを言うのか」「困っていることは一言で言うとどういうことなのか」「それがどんな状態になれば満足なのか」といったことをしっかり整理するように伝えました。また、それを営業等の他部署の人間に話して、事業の可能性について、もっと顧客サイドの声を集めてもらうことをつけ加えました。

実は、これがもっとも大事な指示だったのです。これまで孤立しがちだったBさんにとっては、**「社内の関係者を巻き込んで、一緒に課題解決についてを考えること」**が重要課題です。彼がやる気を示している仕事でこのような指示を出せば、結果的に「社内が一丸となることで、顧客にとってより大きな価値を提供できる」という実感を持たせることができます。

Bさんのように、強い意志を持って一人で行動するタイプは、注意をしても「言葉」ではなかなか伝わりません。Iさんのように、**「経験を通して実感させる」**ように仕向けるのがいちばん効果的なのです。

③活用する——部下の思いを活かした上司の支援

むずかしいお客様ニーズへの対応

Ｂさんは、Ｉさんのアドバイスに従って、社内の営業部隊に社内ＳＮＳの企画を売込むことにしました。すると開発部門の同僚の冷たい反応とは違い、意外にも一部の営業マンはとても興味を示してくれ、「最近は、新しいサービスの紹介ができなくて困っていたんだ。営業といっても、新たな提案どころか、既存システムについてのクレームを聴きに行く状態だからね。可能性は未知数でも、こういう新たな提案ができるのはありがたい」と話してくれました。

そして、自分の担当する顧客先でもニーズをヒアリングしてくれたのです。

その結果、お客様の反応も悪くなく、興味を持って聴いてくれるところが多いことがわかってきました。

しかし、Ｂさんは共通したフィードバックがあることが気になっていました。通常のシステムではお客様ごとのカスタマイズの要望を一度つくり込んでしまえば完了となりますが、この企画については状況に応じて終わりのない開発対応が求められるようなのです。

「このようなレベルの違うニーズに応えられなければ、企画は失敗に終わるだろうな。でも、ウチのような大きなシステム会社では、そこまでの小回りを求められても絶対に無理だ……」

とため息をつくＢさん。

一人で悶々と悩んだ結果、これしかないというアイデアに行き着きました。

部下の意を汲んだ支援

「Ｉ課長、例の開発の件でご相談があります。いろいろと検討したんですが、この事業は大きな組織で動かすのはどうしてもむずかしいと気づきました。この際、辞表を出して独立してやろうと思うんです」

「そうか、その思いは受け止めよう。しかしＢくん、私も考えていたことがあるんだ。顧客ごとに小回りのきいた対応をするために、このシステムを専門に開発・販売する社内カンパニーを立ち上げる、というのはどうだろう。

独立して、一から始めるのはたいへんだし時間もかかる。しかし社内カンパニーなら、社のリソースを活用して効率的に事業を進めることができると思うんだ」

「社内カンパニーですか…！　考えたこともありませんでした。確かにそれが実現すれば、事業が進めやすいですね」

「よし、きみにその気があるのなら、早速、企画書をつくってくれないか。この件は正規の決裁ルートでは上げずに、社長に直訴をしようと思う。そのほうが実現しやすいだろう」

Ｂさんは、Ｉさんにここまで本気で後押しをしてくれる覚悟があったことに驚きを感じながらも、その提案をありがたく受け入れることにし、早速、企画書を仕上げました。

その後、Iさんは企画書を何度か手直しさせた上で、上司である部長にも後押ししてもらい、社長に直接、提案を投げかけました。

実は社長も、一介の担当者レベルでありながら、社内で目立つ存在だったBさんのことを、以前から注目していたのです。そのため、その果敢なチャレンジも、好意的に受け止めてくれました。また、その企画には新たな市場を拓く可能性が感じられたため、承認は異例の速さで降りることとなりました。

解説

顧客の困りごとやニーズに誠心誠意応えたいと考えるタイプの部下は、儲けるためにはどうすればいいかというよりも、顧客に何を提供すればもっと喜んでもらえるかを第一に考えます。そのような姿勢や考え方を顧客に伝えることができれば、「この人やこの会社から買いたい」という好循環が実現しやすくなるはずです。

そのような状況に至るまでには、部下の動きを以下のような点から的確に支援することが必要となります。

Bさんのような部下を活用するためのポイント

○部下の顧客アプローチが、先方でどう評価されているか把握する

○顧客の課題解決が、社内リソースだけで充足できるのか見当をつける
○不十分な場合、上司としての立場や権限を活用して支援をする

●Iさんは、Bさんをどのように活用しようとしたか

今回、Iさんが行なったもっとも重要なマネジメントの鉄則は何でしょうか。

それは、**「観察」**です。Iさんは、Bさんの動きを注意深く見守っていて、彼は顧客の潜在的なニーズを引き出していると確認していました。と同時に、アイデアを事業化するには、自社の大きな組織が足かせになることも、早い段階で把握できていたのです。もちろん、日頃の疎外感もあって、Bさんが独立を言い出すことも、ある程度予想できたことでした。

このIさんの観察と推測に基づいた、ある意味でBさんの先手を打つような「社内カンパニー」のアイデアがなければ、会社はBさんと事業アイデアの両方を、みすみす失うことになっていたでしょう。

このように、絶妙なタイミングでアドバイスができたのも、日頃から細かい報告を受けて部下の動きを注意深く観察していたからに他なりません。

また、ひとたび指示を与えてことを成すというときには、**「本気を見せる」**というパフォーマンスも重要になります。今回のケースでは、上司自らがあえて正規ではないルートで話を通すことで、事業の実現にかける覚悟を見せました。このような行動は、部下に「俺にかけてくれてい

る」という自信と信頼を持たせることになり、よりモチベーションも上がるでしょう。

Bさんのようなタイプの部下は、「顧客第一主義」を貫こうとするあまり、「会社の利益になるか」という視点を忘れがちです。Iさんは、日頃からとくにその点を意識し、「今回の事業アイデアは会社の利益になる」と判断したからこそ、しっかりバックアップする覚悟を決めたのです。

言うまでもなく、部下のすべての提案にいちいちフルパワーで対応するわけにはいかないため、この判断はとても重要です。

④評価する――部下の成長を認める

社長との直談判に成功したBさんは、Iさん管轄のもと、社内カンパニーを設立する責任者に任命されました。

以前から、自分の企画を積極的に評価してくれた営業や開発の社員を集めて、五名の小規模な社内カンパニーを立ち上げました。メンバー総出で顧客開拓に走り回り、少しずつながらお客様の契約がとれるようになった頃には、早速お客様からの細かな要望が続出し始めました。しかし、その一つひとつに迅速に対応し続けることで、顧客の信頼を確実に高めることに成功しました。

以前よりも指示を出す頻度も減り、今ではすっかりBさんに事業を任せているIさんですが、たまにBさんのところへ顔を出します。

「よう、順調にいっているか？　何せ立ち上げまであれよあれよという感じだったから、たいへんだろう」

「はい、たいへんですよ！　もう、まったく別の会社のようです。とにかく、お客様の要望には細かいことも含めて、スピーディーな対応が求められます。でもウチは、そこに即対応していくことができますから、お客様からいい評価をいただいているんですよ」

「しっかりとお客様の信頼を得て、着々と成果をあげているじゃないか。大胆なやり方だったが、社内カンパニー化は成功だったようだな」

「いやあ、まだまだですよ。うまくいかなければ早々に解散になってしまう、という危機感がありますから必死です。でも、おっしゃるとおり、やっぱり社内カンパニーという形態をとってよかったです。お客様の声に応えるという点では、最適の選択でした」

顧客ニーズの背景を探る

「お客様への対応は、以前と変わったか？」

「そうですね。今は、言われたこと全部に対応しようとはしていません。技術的にやれないことだってありますし。それよりも、お客様の要望にはどんな背景や意図があるのかを、多少時間がかかったり、嫌がられても徹底して聴く、ということを心がけるようになりました。

われわれの有限な時間とコストを、お客様の〝何〟に役立てられるのか、どれだけかけられるのか、を吟味する必要がありますから」

「顧客満足の総和を最大化するということか。すごいな、成長したじゃないか。しかし、完全に独立した組織ではないわけだから、社内とのやりとりが障害になる部分もあるだろう?」

「鋭いですね。経理や総務の分野では、やはり社内制度の制約を受けることが多いんですよ。彼らにはちょっと申し訳ないんですが、見切り発車でやってしまっている部分も多々あって……。その分、普段から彼らとは極力、日常的に話をするよう心がけているし、支援部署として相談に乗ってもらえる関係はつくるようにしています」

「なるほどな。社内カンパニーのやり方のいいところを、逆に社内の制度に取り入れていくべきかもしれないな。いや、でもうまくやっているようで安心したよ。もし私で役立てることがあれば何でも言ってくれ」

「ありがとうございます」

解説

このタイプの部下は、自分の仕事に対する顧客満足度の高さを認めてもらうことで、もっとも大きな達成感を得ます。

**　そのため、顧客の要望や要求に応えられたか。それだけでなく、顧客が自覚していない潜在的なニーズまでも、顧客とのやりとりの中から発見できたか。その実現に向けて、どんな手を打つことができたのか。これらを、ていねいに掘り下げて確認していきます。**

Bさんの成果ふり返りワークシート

1)背景 (Why)	業界横並びを脱するため、他社がやっていない新しいサービスを開発したいと考えていた
2)狙い (What)	社員間のコミュニケーションの悪化に悩む企業に、社内SNSのしくみをサービスとして提供することで、問題解決につなげたい
3)工夫 (How)	社内SNSサービスを提供するには、細やか、かつ迅速な対応が必要。既存の動きではむずかしいため、上司のアドバイスと後押しを得て、社内カンパニーを立ち上げた
4)結果 (Result)	社内カンパニーを主体にした営業活動により、新規の顧客との契約に成功し、小回りのきいた対応で信頼感を獲得していった

では、IさんとBさんのふり返り対話と、Bさんがその後に自分で記述したワークシートを見ていきましょう。

●Iさんは、Bさんをどのように評価したか

Iさんは、組織上は自分の部下ながらも、社内カンパニーの長として組織を運営しているBさんの動きを尊重し、かなりの部分で任せることにしていました。もちろん、新組織の動きが気にならないはずはなく、それとなく多方面から現状の情報収集はしていました。

Bさんとの対話で、まずIさんは、社内カンパニーがその設立目的であった顧客ニーズに的確に対応でき、評価されていることを称賛しました。マネジメント経験のないBさんが、いきなり完璧に組織運営をすることを期待しても無理であり、その部分よりもまずは第一優先の課題をクリアしていることをほめたのです。

周囲から顧客対応の状況は聴いていたものの、次にIさんはBさんの口から直接、顧客対応がどのように変化したのかを確認することにしました。「お客様のために」と一言で言っても、顕在化したニーズにダイレクトに応えるレベルから、顧客もまだ認識していない潜在的なニーズを引き出して一緒に解決策を考えていくレベルまでさまざまな段階があります。

今回の対話で、Bさんが顧客対応レベルを上げるべく努力していることを、本人の話から把握することができました。

最後に、Iさんは社内カンパニーがその成り立ち上、必然的に抱える課題を予測して、Bさんに問いかけをしています。Iさんの想像していたとおり諸課題があったわけですが、ここでもBさんが、従来よりもオトナの対応をするべく努力していることを知りました。

このように、やや離れた立場から部下をマネジメントするときは、**権限委譲をしっかり実行する**とともに、放任にならないように多方面からの観察や予測をし、そして本人と大事な部分について直接的な確認をしていくことが重要です。

⑤動機づける――会社にとどまるメリットを引き出す

Iさんは、前回の対話から少し間を空けて、またBさんを訪ねました。

「ところで、面と向かうとちょっと言いにくい話なんだけど、以前からいずれは独立したいようなことを言っていたね」

「はい、社内カンパニーのアドバイスをいただく前まではかなり本気で考えていました」

「ということは、その熱は少しおさまったということ？」

「社内カンパニーの立ち上げは、先々のことまで含めて真剣に考えてみる機会を私に与えてくれたと思います。私の場合、独立して起業したいという思いが先にあったわけではなく、とにかくお客様に喜んでもらうために最善が尽くせることが大事なんです。

その点では、社内のいろいろなリソースが活用できるというメリットは、思っていたよりもはるかに大きいことがわかりました」

社内リソースを活用できるメリット

「たとえばどんなこと？」

「長年にわたってウチの会社が蓄積してきたお客様との関係とか、技術、それにブランド力とか……」

「後悔しない選択をするためには、何を最優先にして判断するかという軸を持つことが大事だからね。人によってはゼロからそういうものを築いていくことに一番の価値を置く人もいるけど、きみの場合は、やはり何を置いても『お客様』なんだね。そのぶれない軸を持ってることは強いよ」

「ありがとうございます。こうやってお話しする中で口に出してみて、ああやっぱりそうなんだと改めて気づく部分も大きいと思います」

「現時点では、この前も言っていた社内制度と顧客対応の綱引きが当面の課題かな？」

「そうですね。やっぱりまだまだこの壁は越えられない感じです」

将来へのイメージを拡大する

「そのへんは明日からがらっと変わるというわけにはいかないけど、今後、さらに社内カンパニーが成果を拡大していくための課題として、経営層に働きかける場を持ったらいいかもしれない。社長もきっとカンパニーの動向については気になっていると思うし。どうだろう？」

「そういうことができるなら、ぜひやりたいです」

「わかった。それなら私もそんな場づくりができるように動いてみるよ。場が実現したら、どれだけ前向きなイメージを訴えられるかがポイントになると思うよ」

「はい、私もそう思います。カンパニー立ち上げを後押ししてくださったIさんや社長、応援してくださった方々に恩返しをしたいという思いが、実は強くなっているんです。

いずれお客様への貢献がもっとできるようになったら、社内にもウチのノウハウを伝えたいと思っています」

Iさんが書いた、Bさんの動機づけワークシート

1）部下のもやもや感（Why）	**社内カンパニーを立ち上げ、お客様のニーズに迅速に対応できるようになったが、社内の諸制度の壁があり必ずしも十分ではない**
2）部下の思い（What-1）	**以前考えていた起業・独立よりも、社内リソースを活用して顧客貢献を実現するほうが優先順位は高い。あとは社内諸制度の壁を乗り越えられれば……**
3）上司の思い（What-2）	**当社に欠かせない優秀な人材であるBさんには、社内で活躍し続けてほしい**
4）互いの接点（How）	**社内カンパニーによる成果と今後に向けての課題を、前向きなトーンで経営層と共有する**

解説

このタイプの部下は、仕事の目的を、「顧客に評価される」ことに集中して捉えています。逆に言うと、〝会社や組織〟は、顧客に価値を提供するために必要な「器」であるくらいにしか考えていないことも多いものです。

そうすると、顧客に価値を提供できて評価されているうちはいいのですが、何らかの事情でそれができなくなり、よその組織のほうがその環境に恵まれているとなれば、社外に流出してしまいかねません。

建前では顧客志向と言いながら、本音では社内事情を優先させる社員が多い実情を考えると、組織にとってこのタイプの人材は貴重な存在です。

そこで上司としては、彼らの顧客への強い思いを受け止め、より顧客に貢献できる**社内環境を整**

えることに一緒に取り組んでいくことが求められます。

ただし、その顧客貢献の方向性が、「どのように自社の利益につながるか」という視点なしに、企業が継続して顧客貢献をしていくことは不可能であることは、常に確認していくことが求められます。

●Iさんは、Bさんをどのように動機づけしたか

Iさんは B さんが社内カンパニーを立ち上げた後も、以前から言っていた独立するリスクがあることが気になっていました。そこでまず、その後の意志に変化がないかどうかを率直に確認したのです。

Bさんは起業そのものに魅力を感じているというよりも、それによって、より顧客貢献が可能になることを重視しているはずだ、というIさんの考えは当たっていたようです。社内カンパニーによって、Bさんの思いはかなり実現でき、満足していることがわかりました。

ただ、ここで安心してはいけません。Iさんはすかさず、Bさんが大事にする**仕事の価値基準を改めて明確化**する質問を投げかけ、起業よりも顧客貢献の優先順位が高いことを本人に再認識させました。

さらに、顧客貢献を高めるための阻害要因になっているとBさんが考えている、社内制度のこともあえて持ち出しました。上司として、この**問題の解決を支援していく**ことを伝えたいと考え

たからです。

Iさんのこのような対応は、Bさんが会社に対して社内カンパニーで得たものを還元しようという気持ちを促進することにもつながります。

4章

〈ケース3〉
創造的な仕事にあくまで固執する部下

A面の見かけ ⇔ **B面のココロ**

決まり切ったことをやるのが嫌い

- ルーチンワークでは満足しない
- 義務よりも自分の興味を優先させる
- 仕事の効率化に目を向けない

自らの創造性で勝負する

- 自分の強みを自覚している
- 人と違うものの見方をする
- ユニークな仮説を導き出す

ルーチンワークが嫌いで面白い研究がしたいCさん

①認識する――仕事への不満で生産性が急落

〝ルーチンワーク〟ばっかり、という不満

塗料メーカーで研究職に就いているCさんは、顧客の要求を短期間でさばかなくてはならない仕事がどんどん増えている現状に嫌気がさし、愚痴ばかりこぼしていました。

「技術者なんだから、もっといい製品を提供することで、お客さんに喜んでもらいたいのよねえ。クレーム対応にしたって、対症療法じゃなくって根本的な対策を打たなきゃ意味がないわ。以前は技術の粋を集めて〝とがった製品〟をつくることのできる環境があったって聞くけど……。最近は、お客さんも効率を最優先することを求めてくるしなあ。まったくウチの会社も、もっと仕事に誇りを持てってのよ」

彼女にとって、日々課せられる小粒な研究テーマは、退屈きわまりないルーチンワークにしか思えません。今やモチベーションも低下し、情熱をかけられる対象もない状態です。何より、やっ

つけ仕事ばかりをしているような自分自身の姿に我慢がなりません。

そうした不満が溜まっていった結果、彼女の生産性が目に見えて落ちてきていることは明らかでした。

Cさんが入社して研究職になった頃は、会社にも新たな課題に挑戦することが奨励される環境と余裕がまだ残っていました。先輩や上司と、時間がたつのも忘れて技術論を戦わせていた頃が懐かしく思い出されます。

「やっぱり、技術者が面白さを見出せない研究では、いつまでたっても、競合を出し抜くようないい製品はつくれないわ。今のようなくだらないルーチンワークをするためにこの会社に入ったんじゃないのよ！」

「会社の仕事」と「自分の仕事」の両立

決意を固めたCさんは、与えられた公式テーマ以外に、自分が関心のあることを勝手にテーマ設定し、独自の実験を始めることにしました。もちろん、上司には内緒です。

初めは勝手にやっている研究だという遠慮で、わずかしかかけていなかった時間も、関心がある面白いテーマだけに、つい夢中になってしまいます。そして、期限までに結果を出さなくてはならない公式テーマの進捗が遅れがちになってしまったのです。

上司の研究リーダーJさんは、そんなCさんの状況を、実は把握していました。しかし、少しの間、黙認することにしました。

Cさんが、技術者として悶々としていることは痛いほど理解できたし、「公式テーマに専念しろ」と命じても、生産性が落ちるだけだとわかっていたからです。

「しかし、このままじゃまずいな。Cさんに組織としてやるべき研究と自分のやりたい研究とを、両立してしっかりやってもらうためには、どうすればいいのだろう」と悩んだJさんは、気心の知れた同僚の研究リーダーに相談を持ちかけました。

すると、「最近のテーマは、お客さんの要望優先で短納期でやるから、それほど掘り下げを求められないものが多いよね。確かに技術者としては物足りないだろう。

だったら、公式テーマでいったん答えが出ているものの中で、さらに突き詰められそうなものを、きみの判断で自主テーマとしてCさんにやらせてみたらどうだろうか」というアドバイスが返ってきたのです。

解説

自分ならではの創造性を発揮できる仕事がしたい、と憧れている社員は少なくありません。しかし、現実はほぼ真逆です。やってもやっても終わらない、膨大なルーチン業務を前にため息をついている人も多いでしょう。

そのような仕事は、やり方も手順もほとんど決まっていて、いかに効率化するかという以外に

は創意工夫を入れ込む余地はあまりありません。

そんな中で、自分だけは創造性にこだわりたいと躍起になっている社員がいたら、周囲からはただのわがままな存在にしか映らないでしょう。

それは、以下のような組織の常識が依然として支配的だからです。

組織の常識・上司の本音

○決められたことを、素直に一所懸命やるのが仕事というものだ
○会社は、社員の創造性ややりがいを実現する場ではない
○効率的に成果をあげるため、ひたすらＰＤＣＡ（※）の問題解決サイクルを回すべきだ

Ｃさんのどこがまずいのか・このまま放置するとどうなるか

Ｃさんは、短納期を要求されるクレーム対応のような仕事ではなく、技術者としてもっと面白い仕事に目を向けています。このようなタイプは、今目の前にあってやるべきこと（＝Ｍｕｓｔ）よりも、テーマとして興味のあるやりたいこと（＝Ｗａｎｔ）により大きな関心があるがために、ひとたびＷａｎｔに目が向くと、Ｍｕｓｔの仕事に対する関心や優先度合いが薄れてしまうのが特徴です。

しかも一度火がつくと、冷静に優先順位をつけることができなくなってしまいます。だから平

気で、上司に内緒で設定したテーマに熱中するような事態を起こしてしまうのです。

やるべき仕事そっちのけで、勝手にやりたいことを、しかも上司に隠れてやっているのですから、その怠慢は厳しく叱責されなければなりません。このまま放っておいたら、Ｃさんは、「目を離すと勝手にやりたいことをやり出す、決まった仕事をこなせない無能な技術者」になってしまいます。

しかし、Ｊさんはどうしたものかと考えあぐねていました。なぜならＣさんは、能力からすればかなりハイレベルの研究をやってのけられる優秀な人材です。何とかうまく本領を発揮させてあげたかったからです。

しかも、以前も細かなことで仕事のやり方について注意したところ、しばらく勤務態度が悪くなり、業務に影響が出たという経験もあり、アドバイスは簡単ではありません。とはいえ他の部下から報告を受けたという経緯からも、もう勝手な行為の黙認も限界です。

こういった、Ｃさんのような人はいくら叱っても逆効果です。目の前の仕事もしっかりこなし、かつ中長期のチャレンジテーマにも取り組める環境をつくってあげるというのが、マネジメントのカギになります。

※ＰＤＣＡ＝業務活動を円滑に進める手法の一つ。Ｐｌａｎ（計画）→Ｄｏ（実行）→Ｃｈｅｃｋ（評価）→Ａｃｔ（改善）の４段階を繰り返すことによって、業務を継続的に改善する。

②育成する――やらなければならないことは明確にする

やりがいのあるテーマを発見！

Cさんは大学で化学を学び、その専門性を活かした独自性のある塗料の研究開発を目指してこの世界に入りました。しかし前述のとおり、その思いをまったく満たすことができない状況のまま、目の前の仕事に追われる毎日です。

先日もいつものように、顧客からのある要求に短期間で応えなければならないことがあり、社内で保有するある基本技術を適用することで、その問題の「火消し」は一応終了しました。

商品である塗料が評価されるポイントは、塗りやすさと見栄えです。二つの要素は互いに相反するもので、塗りやすさを優先すれば見栄えが劣るし、見栄えを優先すると塗りにくくなる、というのが業界の常識でした。顧客もこのことは了解しているため、「両者のバランスをどのように調整するか」が毎回、詳細に設定されます。

このときも顧客の要求基準はクリアしたので、テーマ終了となったのですが、Cさんはここでふと立ち止まりました。

「塗りやすさと見栄えは両立しないってことになってるけど、ほんとにそうなのかしら？　私たち技術者は、その難題を解くために存在しているんじゃないの？　このテーマはお客さんの要求を満たしたからといって終わりにすべきじゃないわ。自主テーマとして独自に追究してみようっと！」

過去の研究を今の目で見直す

Cさんには多少勝算もありました。塗りやすさと見栄えが両立したという自社の過去の研究結果を知っていたのです。ただし、それは極めて限られた条件下でしか成り立たず、実用化に適さない失敗事例としてそのままお蔵入りになっていたものでした。

しかし、「これはいけるかも」と考えたCさんは、これまでなら黙ってやっていただろうことを、上司の研究リーダーJさんに打ち明けました。

「正直どうなるかわかりませんが、でも過去に失敗とされていた知見を新たな目で見直すことで、違う結果が得られるかもしれません。もし成功したら、すごい成果になるはずです」

「技術者としてそこを深掘りしたい気持ちはわかる。ただし、現状でもお客さんが要求している短期テーマは目白押しだし、それを後回しにはできないよ」

「今担当している短期テーマの納期は絶対に守るようにします！　ですから、この件は裏テーマとして個人で取り組むことを認めていただけませんか」

「よし、そこまで言うのなら、私の権限の範囲で認めよう。ただし、業務時間の一五％以内に必ず収めることは約束してくれ。あとは研究の進捗状況を節目節目で報告すること。あるところで見極めが必要と判断したときは、それに従ってもらう。いいな！」

「わかりました!」

解説

自分の創造性を活かしたがる部下は、ルーチン業務をコツコツとこなすことは苦手ですが、自分の興味のあることには、我を忘れて打ち込むことができるという特質があります。テーマさえうまくはまれば、爆発的なエネルギーを持って仕事に取り組めるのです。

ただし、会社は営利組織ですから、好きなことだけをやることを認めるわけにはいきません。そこで、彼らを効果的に育成するには、嫌いなルーチン業務でも、「これだけはやらせる」という部分を明確にして、あとは自由度を高めてやること。これで、生産性を向上させることができます。

Cさんのような部下を育成するためのポイント

○やってはならない最低限のルールは守るよう約束させる
○目的やゴールを共有したら、そこに至るプロセスは自由にさせる
○任せっぱなしにせず、節目では進捗状況や課題を共有する

Jさんは、Cさんにどのように関わり始めたか

JさんはCさんに対して、実に的確な指示を出しました。その指示の注目すべきポイントを、

細かく見ていくことにしましょう。

まずJさんは、Cさんが熱中できるチャレンジ要素のあるテーマを与える代わりに、疎かにしがちな短期テーマについてもきちんと結果を出すように指示しました。Cさんは自主テーマをやりたくて仕方がない状態ですから、それを許すことと引き換えに、**やるべき仕事を納期どおりにやる**ことを約束させたわけです。

これは、このタイプの部下にはたいへん効果的な取引です。「部下のやりたいことを認めるから、上司として部下に求めることもちゃんとやれ」というアプローチは、部下に「交換条件」を提示しているようにも見え、人によっては躊躇があるかもしれません。しかし、ここで見るべきポイントは、上から一方的にやるべきことを命じるのではなく、部下の思いや気持ちを**上司の裁量で汲み取った**という事実です。

Cさんのやりたいことを認めることによるリスクは当然あります。それをJさんが自ら引き受けて決断したということが、腐っていたCさんを生き返らせることにつながるのです。

もうひとつよかったのは、「業務時間の一五%だけ」と**明確な数字目標を出した**点です。

前述のとおり、このタイプは熱中すると冷静な判断ができなくなるため、「少しなら」とか「支障がない範囲」といった曖昧な指示では、いずれ本人も自覚がないままエスカレートしていく可能性があります。

最後に、Jさんは自主テーマについて、進捗状況を節目で報告することを求めるのも忘れませんでした。進捗しだいによっては、上司の判断でしっかりと見極めをつけなければなりません。

③活用する――部下の思いを実現する環境を確保する

ルーチンワークも能率化する不思議

Cさんは自主テーマとして認められた、塗りやすさと見栄えを両立させる研究に意気揚々と取り組み始めました。ただし、条件を守らなかったことで上司から中止を言い渡されるのは絶対に嫌だという思いから、業務時間の一五%の中で取り組むことに、常に気をつけていました。

短い時間に集中する分、自主テーマも成果が出るだけでなく、ルーチンワークのほうにも自然と熱が入り、生産性が高まってくるから不思議です。

自主テーマの研究で、彼女は現在の塗料を構成する基幹成分に着目し、これを他のものに変更することがカギになるのではないか、という仮説を持っていました。しかし、それは過去に検討しつくされ、研究所内ではすでに失敗の知見として認識されている仮説です。

彼女はそれに対して、「過去の見解を継承することは大事だけど、今や塗料も、お客さんによって使用される環境や条件が変わってきているのよ。過去の知見でも、新たな目で再評価・検証することが必要なはずだわ」という持論で挑むことにしたのです。

彼女の独自の発想と仮説から始めた研究は、実際にやってみると確かな手ごたえが得られました。Cさんからの状況報告を聞いたJさんは、次へのステップを指示しました。

「すごいじゃないか。さまざまな条件下で得られた結果からすれば、研究室レベルでは十分に成果が出たようだね。ここで、いったん営業にこの成果を伝えて、お客さんのラインでテストしてもらえないか、掛け合ってみたらどうだろう」

信念と執念の勝利

Ｃさんは、すぐさま営業部へと乗り込み、この改良によって、長年の課題だった塗料の塗りやすさと見栄えの両立がかなり前進すると、自分の言葉で熱っぽく説明しました。

「これまでは、お客様のほぼ言いなりで塗料の改善要求に応えてきましたが、これはウチの独自の取組みで得た、従来とは違うレベルの品質改良です。成功すれば、お客様にとって大きなメリットとなるはずです」

この提案は、営業部はもちろん顧客にも歓迎され、ほどなくしてラインテストの実施が決まりました。

テスト立ち会いの前日は、自信があるとはいえ、緊張で眠れなかったＣさん。まるで会社の仕事というより、自分の信念に審判が下されるような思いでテスト結果を見つめていました。ラインテストは深夜から明け方にかけて実施されましたが、結果はほぼ期待どおりでした。顧客も、その場で塗料の切り換えに喜んで同意してくれました。

ホッと胸をなで下ろしたＣさんは、目を輝かせながらＪさんに結果を報告しました。

「よくやった。これこそ技術者魂と言えるね。きみの熱い思いと執念が、圧倒的な質の向上につながったことは、同僚や後輩たちにもいい刺激になるだろう」

「ありがとうございます。これまで、研究しながらずっと悶々としてきたことが、やっと報われた気がします。テーマ外の研究を許していただいたことを本当に感謝しています」

解説

他人のやっていることをマネすることが耐えられない部下は、とても頑固です。彼らは自分の強みも弱みもしっかり認識しているがゆえに、弱みの部分には手を出さずに、強みに関わることに集中しようとします。

わがままな無法者に見えて、実はとても戦略的に自分自身を打ち出しているわけです。それが、自分にとっても組織にとっても、プラスになると知っているからです。上司は、このような特性を理解した上で、以下のようなポイントで活用することが求められます。

Cさんのような人材を活用するためのポイント

○自分の強みに集中できるような環境を確保する
○強みが発揮されることを信じて辛抱強く支援する
○組織の業績向上に、効果的につながるアドバイスをする

●Jさんは、Cさんをどのように活用しようとしたか

大きな成果をあげることができたCさんですが、その成功の陰では、JさんによるCさんの特性を踏まえたサポートが大きな役割をはたしていました。

まず、約束したとおり、業務時間の一五％の中で取り組む自主テーマについては、彼女を信じてほとんど口出しをしませんでした。この**〝信頼〟の重要性**については、育成のポイントであげたとおりです。

もちろん、通常業務はあいかわらずの忙しさで、顧客からの急を要するクレーム対応や要求は減ることなく、かえって増加傾向にありました。しかしJさんは、一度約束したCさんの一五％の自主テーマ時間を削ろうとはしませんでした。

これについて、他の部下たちからは不満の声が上がることもありましたが、ここでJさんは、「応援すると決めた以上は最大限バックアップしてやるべきだ」と覚悟を決め、部下たちに自主テーマを進めることの意義を何度も説明することを厭いませんでした。

ある部下に好きな仕事をやらせるとなれば、周りから多少の反発はどうしても起こってきます。ここは上司の腕の見せどころです。**上手なフォローが部下の挑戦の成果につながる**、と心得ましょう。

そしてJさんは、研究室レベルで期待された結果が出たときは、いち早くその成果を実戦に活かすために、顧客先でのラインテスト実施を勧めました。

このタイプの部下の目的は、自己実現が最優先で、それが〝会社の利益〟にフォーカスされているとはかぎりません。そこで進捗を確認しながら、適宜軌道修正を促すようなマネジメントが必要不可欠です。

④評価する——仕事の独創性を認める

研究の醍醐味

Jさんは、Cさんと今回の成果をふり返る時間を設けました。

「今回のテーマ外研究についてだが、私としてはきみの思いに動かされて自主テーマを認めたとき、正直ここまでの成果が出るとは思っていなかったよ。もちろん期待はしていたけどね」

「私は、お客さんの言いなりにただこなすだけの研究が、我慢できなかっただけなんです。それでは技術者とは呼べないんじゃないかと思って……。正直に言えば、仕事が面白くなかったんです」

「その気持ちは、同じ技術者として私にもよくわかるよ」

「やっぱり技術者だったら、自分の独自性や創造性を活かして社会や会社に貢献したいと思いますよね。今回のテーマは過去の参考にできそうな知見があったので、勝算を描けていたんです。だから、思い切って『やらせてください』とお願いしたんですが、やっていて、これこそ研究の醍醐味だと久々に実感できました」

ルーチンワークの必要性

「そうだよな。小手先で小さな成果を積み上げても、お客さんの期待を超えるものは生み出せない、というきみの意見は確かに真実だ。新たなことに挑戦する研究風土がないと、革新的な技術を持てないまま、じり貧になってしまうだろうね。

しかし、きみの周りでコツコツと地道にやるべきことをやっている仲間の成果を軽く見てはいけない。どんなに素晴らしい技術やアイデアでも、それを実行につなげるにはルーチンの研究が不可欠であることは忘れるなよ」

「それはわかっているんですが、私の場合、どうしてもやる気が出なくて……。そういう意味では、今回、Jさんの裁量で自主テーマに業務時間の一五％を当てる枠組みをいただけたことは、本当にうれしかったです。必須テーマも集中的にやれて、ルーチンの研究効率もかえって上がりましたし」

「こういうことは、『制度やしくみを用意したから、さぁやってください』と言ってもうまくいかない、と他社の人から聞いたことがある。Cさんのように、私はこのテーマをやってみたいんだという強い意志があって、初めて機能するということだろう」

「そうですね。Jさんがそういう決断をしてくださっただけに、失敗できないというか、結果を出さなきゃいけないというプレッシャーもありましたよ。だからこそ、成果を得ることができたわけですけど」

「そうか。私としては、約束どおりに実験の節目ごとに状況を報告してくれたので、安心して見ていることができたよ。何をやっているのかさっぱり見えないと、こちらも責任がある以上、気が気じゃないからね」

「本当はもっと口出ししたかったんじゃないですか？　私が報告しているとき、結構不安そうな顔をしていらっしゃいましたよ」

「ばれたか。本当はもう一言、言いたいけど、これ以上言ってはいけないと我慢しどうしだったよ。私もいい経験ができたわけだ」

解説

このタイプの部下を評価するには、やり遂げた仕事の独創性に焦点を絞るのがもっとも効果的です。

通常の評価のしかたでは、やるべきこと（ルーチン業務）を十分にやっていないことに対するマイナスがあると、そこに目が行ってしまい、本来はもっと評価すべき独創的な要素が正当に評価されなくなってしまいがちです。

上司としては、たとえそのようなマイナスがあったとしても、それを補って余りある独創性の芽が見える場合は、そのプラスの部分に賭けてみることも必要です。彼らの独自性や創造性へのこだわりを認めながら、組織の一員として最低限やってもらわなければならないルールを守らせ

Cさんの成果ふり返りワークシート

1）背景（Why）	お客様のクレームや要求に、短期間で対症療法的に応えなければならない研究に嫌気がさしていた
2）狙い（What）	お客様の期待を超えるような、根本的な解決につながる研究がしたい
3）工夫（How）	業界の常識や過去の知見を疑い、独自に再研究することを思いついた。上司の許可を得て、この研究を業務に加えてもらった
4）結果（Result）	狙った効果を達成した。結果がお客様に評価され、商品の切り換えに至った

ることと両立させる、バランスを保ったマネジメントが求められます。

前述の対話や上のワークシートを見て、あなたなら、Cさんの仕事をどのように評価しますか？

まず、このケースにおけるCさんの仕事でもっとも評価されるべきは、何をおいても、**「業界の常識をくつがえすような着眼点」**でしょう。ルーチン業務に何の疑問も持たない人は、「要求をどう効率的にこなすか」を考えてしまい、このような独創的な思考ができません。

「できないという業界の常識を疑ってみる」といった発想の転換は、まさにCさんのようなタイプならではの強みでもあります。

また、会社の指示を待たずに、「この研究をしたい」と業務を**自発的に提案した積極的な姿勢**も評価に値します。

上司のJさんは、研究機関の使命は革新的な技術を新たに生み出していくことにあるというスタンスで、Cさんと思いを共有していることをしっかり伝えています。これは、Cさんの特性を今後、さらに組織の使命をはたすことにつなげてほしい、というJさんの思いを伝えたと言うこともできます。

ただし一方では、地味ではあっても「ルーチンの研究の重要性を軽視してはならない」ということについては釘を刺しました。組織を預かる上司としては、独創性はCさんに劣っていても、ルーチンの研究で組織に貢献している他の部下たちへの視点を忘れてほしくなかったからです。会話の最後のほうでは、Cさんのチャレンジを見守ることに、実は上司としてかなり我慢していたことも率直に打ち明けています。そこまで自分に期待をかけてくれていたことに、Cさんは改めて感謝しました。

⑤動機づける――多角的な視点を提示する

これからどんな方向を考えているのか

Jさんは、前回のふり返りから数ヶ月後、改めてCさんと話をする機会を設けました。

「例の新製品は、売行きも上々のようだ。社内的にも、『現場サイドから独自テーマをあげさせるのも効果的だ』という見方も出てきているんだよ。そういう意味でも、きみが会社に与えた影響は非常に大きかった。

さて、今日はきみが今後、どんな方向でやっていきたいと思っているか、聴かせてほしいんだ」

「当面のところでは、お客さんの要望に短期に応えるべき必須テーマと、ちょっとアソビも持たせた期限を厳格には設けない自主的なテーマのバランスがうまくとれれば、新鮮な気持ちで研究が続けていけると思っています」

「そうか。では今後も、技術者としての道を究めていきたいという感じかな」

「いえ…それは正直、不安もあるんです。今回はたまたま私だけが独自テーマでやって結果が出ましたけど、ウチの技術者は優秀な人も多いし、その中で毎回期待される結果を出せるかというと……。

発想という点でも、若手のほうがやっぱり新鮮なアイデアを持っていると感じることも多いんです。私の場合、とくに自分の創造性にこだわりたいという思いが強いので、この不安が大きくて。はっきりと将来像が描けないのが悩みなんですよね」

新しい選択肢の提示

「それは、技術者なら誰でもぶつかる壁だね。自分の道を多角的に十分に検討した上で決めていくことが必要だと思うよ。たとえば、若手の光るアイデアをバックアップすることを考えるのも、そのひとつの方法だね」

「ああ、そうですね。実は前回、Jさんの判断があって、初めて私なりの創造性が発揮できたことを考えると、そういう役割も魅力的だなとは思ったんです。でも私、我が強いし、マネジメントは向いてないんですよ」

「そんなことはないんじゃないか？　研究マネジメントの肝は、技術者の創造性を活かしながらいかに成果をあげるかだけど、その創造性のジャッジという点できみは向いていると思うよ。それに、独自性のある研究というのは、最初からゴールへの道筋が見えているわけではなく、むしろ混沌としているほうが多いわけだから、そこから解を見つけていった経験をした人間のほうが、研究に対する許容力を持てると思う」

「私は研究一筋でいくんだと思っていて、マネジメントなんて考えたこともありませんでしたけど……。ちょっと視界が開けた気がします。研究マネジメントを目指すことも視野に入れてみます。もちろん、自分の研究を究めたいという思いもまだあるので、どうなるかわかりませんけど」

「いいじゃないか。いろんな選択肢を持っておいて、経験を積むごとにじっくり検討していけばいい。マネジメントも視野に入れるなら、今から若手の動きを少しサポートしてみてもいいかもしれないね」

解説

このタイプの部下は、自分の独創性をいかに伸ばし、活かすかを考えています。概して組織の動きや部下のマネジメントには興味がありません。それだけに、会社の中でのキャリアイメージ

が描きにくいタイプでもあります。残念ながら、がむしゃらにオリジナリティを追求した結果、ある時点でポキリと折れてしまい、燃え尽きて会社を去る、という事態もないわけではありません。

上司としては、このような部下だからこそ直面するむずかしいキャリア課題についても理解し、一緒に解決の方向性を探っていくことが求められます。

Jさんが書いた、Cさんの動機づけワークシート

1）部下のもやもや感（Why）	**技術者として自分ならではの創造性にこだわってこれからもやっていきたいが、いつまでやっていけるのか不安**
2）部下の思い（What-1）	**研究マネジメントも魅力的だと思うようになった。しかし、自分はマネジメントには向いていないだろう**
3）上司の思い（What-2）	**険しい道を進むだけに、技術者以外の選択肢も持っておいてほしい。また、経験もないまま研究マネジメントに向いていないと判断するのはもったいない**
4）互いの接点（How）	**技術者としてずっとやっていくことだけでなく、研究マネジメントの道も併せて選択肢に入れて考えてみる**

●Jさんは、Cさんをどのように動機づけしたか

Jさんは、Cさんが革新的なテーマに自発的にチャレンジして成果をあげたことが社内にも大きなインパクトを与えたことを伝え、Cさんの成果の大きさを称えました。

自己実現のために挑んだことが、上司とうまくすり合わせをすることで、組織にもプラスに作用することを、Cさんは理解することができました。

対話は、Cさんがキャリアについてどう考えているかというテーマに及びますが、独創性にこだわる彼女は、このまま技術者として結果を出し続けられるか、という不安を口にしました。

このタイプの部下は、自分の中での優先順位を、独創性を発揮することに絞っていることが多いので、その他の可能性にはなかなか目がいきません。

しかし、CさんはJさんとのやりとりの中で、研究マネジメントについても魅力を感じたと洩らしました。Jさんはその言葉を聞き逃さず、Cさんのキャリアについて**より可能性が広がるような投げかけ**をしました。

部下が、仕事を通して実感したことを材料に話をすることで、説得力はより高まります。一途なこだわりの強いCさんも、これによって選択肢を広く考えることの重要性を納得しました。

後悔のないキャリア選択をするには、最終的にはやはり自分自身で自発的に選択をするのが一番ですが、部下が最適な判断をするために、上司から**アドバイスや情報提供をする**ことは大きな意味があります。

5章

〈ケース4〉
計画そこそこにすぐトライする部下

A面の見かけ

何ごとにもすぐ手を出してよく失敗する

- 周到な準備を怠る
- 成功確率に関係なく動き出す
- 失敗してもあまり反省しない

B面のココロ

失敗を怖れず、即実行する

- 一歩踏み出すのに躊躇しない
- 現地現物を大事にする
- 試行錯誤しながら答えを探る

行動力でひたすら押し込む猛烈営業ウーマンDさん

①認識する――「当たって砕けろ」の営業スタイル

持ち味は行動力

Dさんは、小規模な出版社で、ややマニアックなライフスタイル誌の広告営業を担当しています。同誌は、業界大手のメジャーな雑誌と比較すると発行部数が少なく、媒体としての知名度も決して高くはありませんでした。

そのため、媒体のパワーを売りにした直球勝負の営業などできるはずもなく、誌面企画と連動させた記事広告や、広告主によって柔軟に対応を変えるなど、小回りのきく広告営業がウリでした。

少数精鋭の営業メンバーの中でも突出した営業成績を誇るDさんは、新規開拓の飛び込み営業もまったく苦にしない猛烈営業ウーマンです。同誌の、マイナーながらもニッチなテーマを丹念に扱う独自性に惚れ込み、顧客にも自信を持ってセールスしてきました。

彼女の戦略は、自らできるだけ多くの企業に足を運んで雑誌の顔として覚えていただき、雑誌の認知度を上げること。彼女の持ち味はその行動力にあるため、机上であれこれと企画を考えるよりも、まずクライアント獲得に動き、雑誌に対する愛情と営業としての熱意で押し切ることも少なくありません。

彼女は営業成績はいいのですが、獲得してくるクライアントが届けたい広告のターゲット層と雑誌の読者層とのマッチングなどが、十分に検討されていないものばかりでした。上司の営業部長はそんな彼女に苦言を呈し、時折ぶつかることもありました。

営業部長は、彼女とは逆にじっくりと考えて理詰めでものごとを進めるタイプだったのです。

企画力か、スピード感か

「Dさん、もう少していねいに仕事をするクセをつけたほうがいいんじゃないかな。確かに売上げは立っているけど、毎回の営業企画案を見るとちょっと工夫が足りないというか、場当たり的なものが目立つね」

実はDさんは常々、「企画なんかよりも、結局はクライアント側のタイミングや予算の都合が重要」と思っていました。そのため、いちいち「帰って上と相談します」とは言わず、その場で「半年いくら、年間ならいくら」と、自分の裁量で料金の交渉に応じていたのです。そのスピード感が決め手になり、契約が成立することも多々ありました。

「ウチのような小さな会社は、とにかくお客さんに知ってもらう積極的な営業スタイルが不可欠だと思うんですけど」

「顔でつなぐ営業ももちろん必要だ。しかし私が言いたいのは、行動力で押すだけではなく、企画のていねいさも大事だということだ。要はバランスの問題なんだよ」

「わかりました。できるだけ心がけてみます」と答えつつも、納得のいかないDさん。

「今の売上げのままでは、せっかくいい雑誌なのに続けることすらむずかしいわ。企画云々よりも、もっと広告収入を伸ばすことが先決なのに、わかってないんだから……」

その後、彼女の不安は現実のものとなり、結局その雑誌は根強いファンを持ちながらも、廃刊となってしまったのです。

Dさんは無念の気持ちを抑えることができず、それから間もなくして退職しました。

解説

せっかく戦略や計画を立てても、結局実行されないという現象は、とくに日本の企業では頻繁に起こっています。そのため、「拙速でも即行動がもっと必要」と言われるようになったのです。

しかし、社員はちゃんと知っています。「そんなこと言っても、動いて失敗するよりも、動かずにいて失敗しないほうが、自分にとって得になる」ということを。

また会社の中では、「実行」する部署よりも、「計画」をする部署のほうが何となく偉いように見られるのが多いことも、現実を表わしていると言えます。

…使って仕事を効率化する
「部下力」のみがき方
上司の考えを予測しながら動いて、仕事を効率的に回そう!
新名 史典著　本体１５００円

ちょっとした気配りで〝期待以上〟の仕事をしよう!
「気がきく人」のスマート仕事術
当たり前の仕事に〝プラスαの小さな工夫〟をする方法
北川 和恵著　本体１４００円

誰にでもできる
「交流会・勉強会」の主催者になって稼ぐ法
交流会や勉強会を自主開催して稼ぐための実践ノウハウ
安井 麻代著　本体１４００円

美容室「店販」の教科書
無理しなくてもラクに売れる「店販」ノウハウ
佐藤 康弘著　本体１４００円

オフィスのムダをなくして業務効率アップ!
実践! 事務所の「5S」
事務所のムダをなくす正しい整理・整頓・清掃のやり方と進め方
小林 啓子著　本体１６００円

ビジネスリーダーのためのファシリテーション入門
これからのリーダーに必須なファシリテーション能力を解説
久保田 康司著　本体１４００円

「今すぐ」やれば幸運体質!
在宅で2億円稼ぐようになった著者の「即断即決の習慣」
高嶋 美里著　本体１４００円

スタッフを活かし育てる女性店長の習慣
「愛される店長」がしている8つのルール
スタッフから信頼を得る店長がやっている「自分磨き」
柴田 昌孝著　本体１４００円

「0円販促」を成功させる5つの法則
「最小の経費」で「最大の集客」を実現する販促戦略とは?
米満 和彦著　本体１４００円

スタッフが育ち、売上がアップする
繁盛店の「ほめる」仕組み
どんなお店でもすぐに使える「ほめる仕組み」を大公開!
西村 貴好著　本体１４００円

一瞬で決める! 飛び込み営業の成功法則
新規顧客開拓が必須の時代。飛び込み営業はどんな業種にも活用できる!
尾島 弘一著　本体１４００円

儲かる! 治療院経営のすべて
治療院経営の考え方から集患手法まで紹介
吉田 崇著　本体１７００円

売れる販売スタッフはここが違う
接客販売の仕事を楽しむためのポイントと工夫を紹介
進 麻美子著　本体１４００円

〝地域一番〟美容院 開業・経営のすべて
「美容師頭」から「経営者頭」に変換しよう!
やまうち よしなり著　本体１６００円

7日間で身につく!
驚異のテレアポ成功話法
「スクリプト」と「応酬話法」に的を絞って解説
竹野 恵介著　本体１４００円

新版 図解 なるほど! これでわかった
よくわかるこれからの貿易
新制度にも対応! 貿易取引の基本や実務をビジュアルに解説
高橋 靖治著　本体１７００円

負けない交渉術6つのルール
弱者が強者に「負けない」ための交渉ノウハウ
向井 一男著
本体１４００円

総務の仕事　これで安心
労働基準法と労使トラブルQ&A
こんなときどうする？　を解決する安心知識
久保社会保険労務士法人監修
本体１６００円

総務の仕事　これで安心
就業規則のつくり方
会社と従業員を守るルールブック！　規定例も満載
久保社会保険労務士法人監修
本体１６００円

総務の仕事　これで安心
社会保険・労働保険の届出と手続き
豊富な書式例や図で知りたいことだけスグわかる！
久保社会保険労務士法人監修
本体１５００円

総務の仕事　これで安心
給与計算の実務
初めてでも、ひとりでもミスなく進められる！
久保社会保険労務士法人監修
本体１５００円

経験ゼロでもムリなく稼げる！
小さな不動産屋のはじめ方
不動産仲介業こそ独立・開業しやすいビジネス！
松村 保誠著
本体１５００円

ビジネスの思考プロセスを劇的に変える！
インバスケット・トレーニング
極度のストレスでも正確・的確に判断するための強化書！
鳥原 隆志著
本体１４００円

よく売る店は「店長力」で決まる！
店の売上は店長の力量で決まる！
蒲 康裕著
本体１６００円

図解　なるほど！　これでわかった
よくわかるこれからの在庫管理
在庫管理のすべてをビジュアルに解説！
成田 守弘著
本体１７００円

図解　なるほど！　これでわかった
よくわかるこれからの品質管理
入門者から管理者まで対応、品質管理の手引書
山田 正美著
本体１７００円

不景気でも儲かり続ける店がしていること
たちまちお客があふれ出す「コミュニケーション販促」のすすめ
米満 和彦著
本体１４００円

エステ・アロマ・ネイルの癒しサロンをはじめよう
お客様がずっと通いたくなる小さなサロンのつくり方
小さなサロンだからできる開業・集客・固定客化のノウハウ
向井 邦雄著
本体１７００円

ビジネスで好印象を与えるメールの7つの決まりごと
コミュニケーションがうまくいく〝好印象〟メールのルール！
水越 浩幸著
本体１３００円

「高売れキャッチコピー」がスラスラ書ける本
価値を最大化して伝えれば、安売り競争に巻き込まれない！
加藤 洋一著
本体１４００円

10分で決める！
シンプル企画書の書き方・つくり方
つくる負担も読む負担も劇的にカイゼンできる！
藤木 俊明著
本体１４００円

自己資金１５０万円から！
はじめよう　小さな飲食店
開業前後に役立つ「絶対に繁盛する方法」を予算別に紹介
土屋 光正著
本体１４００円

そのような中で、計画もそこそこに、すぐ行動に移さずにはいられない社員がいれば、成功よりも失敗のほうが目立ってしまうのは当然のことです。それは、以下のような組織の常識が依然として支配的だからです。

●組織の常識・上司の本音

○時間と手間をかけて十分に計画を練れば、失敗やロスは防げる
○成功が確実ではないものに、手を出すべきではない
○失敗そのものより、社内でのレッテルのほうが恐ろしい

●Dさんのどこがまずいのか・このまま放置するとどうなるか

Dさんのような人は、あれこれ考えるよりも、顧客先に足を運んでやりとりする中で答えを見つけ出していくタイプです。職種で言えば、営業職にもっとも多いタイプです。深く考えるよりも即実行、抽象論より具体論、現地現物主義という特徴があります。

Dさんの場合は、その特徴が顕著に表われており、自分のスタイルを正解だと信じてまったく疑いません。これで業績が悪ければ、「もっと考えて動け」という上司の指示に耳を傾けるかもしれませんが、営業成績をあげているだけに反省材料もなく、上司としてはもっとも扱いづらい部下と言えます。

Dさんのようなタイプは、計画を立てるのもそこそこに行動を始め、手探りで解を見つけていこうとします。行動が迅速なだけに成功することも多い反面、失敗も同じくらい多いはずです。

本人は、勝率はさほど気にしていないかもしれませんが、これは致命的な弱点です。このまま軌道修正せずに出たとこ勝負を続けるかぎりは、成功体験を増やすことはできないでしょう。放置すれば、顧客のニーズがますます見えにくくなっている中で、同じ失敗をムダに繰り返すサイクルに陥る危険性もあります。また、職場の後輩社員への悪影響も避けられません。

かといって、行動を制限してじっくり考えさせようとしても、従うのは一瞬だけ。その意味を理解しないかぎりは、ただ「ムダに足をひっぱられた」と感じ、反発を強めるばかりでしょう。

そんな彼女に、どのようなマネジメントが向いているのでしょうか。

②育成する——努力が結果に結びつかないのはなぜか

困難な新規開拓からのスタート

出版業界の広告営業から、特殊な領域の保険商品を取り扱う企業の営業職へと転身したDさん。

ここで扱う商品は、社員が病気等で長期の休職をする際、所得の一部を補償するLTD（団体長期障害所得補償）保険というものです。

この保険は通常の生命保険とは違い、契約者は個人ではなく企業です。福利厚生的な扱いになるため、窓口は主に総務や人事です。商品自体がまだ日本では浸透していないため新規顧客の開拓は困難で、営業の主たる機能も既存顧客のフォローにまわる部分が大きいのが実情でした。

しかし、これまで市場の開拓では実績をあげてきたという自負のあるDさんは、新規顧客にほとんどアプローチしていない現状に疑問を持ちました。そして早速、行動に移り、片っ端からテレアポを始めたのです。

「私は営業として採用されたのだから、お客様が来るのを待っていても仕方がないわ。顧客候補との接点をとにかく増やすのが先決よ。一件でも多く商談ができる環境を増やさなきゃ」というのが彼女の考えです。

周囲の営業担当者は、そのすさまじい積極性に驚きつつも、「企業の人事や総務の人たちは、外部からの売込みが多いだけに、ただでさえ警戒心が強い。そんなところに無神経にいきなり電話でアプローチしたって拒否反応があるに決まっているのに」と冷ややかな視線を送っていました。案の定、彼女の営業活動は個人向け保険の勧誘と間違えられ、早々に電話を切られてしまうことが多く、なかなか結果にはつながりません。

なぜ成果が出ないのか……

そんな様子を、上司である営業マネジャーのKさんは、静かに見守っていました。「会社自体もまだ新しく、とくに決まった営業手法ができあがっているわけでもない。じっくり考えるよりもまずは行動して突破していこう、というDさんのやり方も面白いかもしれない」と考えていたからです。

意志の強い彼女は、めげることなくテレアポを一定期間続けましたが、まったく成果は出ませんでした。そこで、Kさんは彼女に声をかけました。

「毎日がんばってるね。そのガッツには感服するよ。どうだい、状況は？」

「今は、まだ成果は出ていません。でも、これから市場をつくっていく商品だし、やり続けるしかないと思っています。絶対ものにしてみせます！」

「そうだね、他社でお手本になる営業手法もないし、答えのない世界だからね。でも少なくとも数週間はやり続けたわけだし、現状でわかったことを分析して、改善点を洗い出すことも必要なんじゃないか？」

「そんな悠長なことを言ってるヒマがあったら、一本でも多く電話すべきだと思いますけど」

「いや、このまま何の工夫もなく同じことを続けても、あまりに芸がないよ。人事や総務の仕事をしている人たちが今何を必要としているか、どんなテーマなら関心を持ってくれそうか、前もって学んでおく必要があるだろう。どうだろう、そのあたりを一緒に調査してみないか」

解説

仕事の種類にかかわらず、成功確率を上げるためには、考えることと行動することのバランスが重要です。Dさんのように、仕事のスタイルに偏りがある場合は、それを上手に指導する必要

があります。

かといって、言い聞かせて素直に聞くようなタイプではありません。そのため彼らを指導するには、タイミングやテクニックが重要になります。とくに有効なのが、失敗したタイミングを狙って指導することです。

●Dさんのような部下を諭すテクニック

○「即行動」のスタイルを全否定しない
○結果の出ていないときに「考える」ことの重要性を伝える
○何について考えるべきか、具体的にヒントを与える

●Kさんは、Dさんにどのように関わり始めたか

Dさんは得意の営業スタイルでテレアポを続けましたが、ある期間を経ても結果が出ません。

Kさんは、その状況を静観しながら、まさにタイミングを狙っていました。

「これ以上やらせると、ポテンシャルのある顧客まで失いかねない」というギリギリまで本人の納得のいくようやらせておいて、そこから初めて本格的な育成アプローチを始めたのです。

このタイプの部下を育成するには、まず、**本人に事実を正確に認識させる**ことから始めなければなりません。つまりこのケースで言えば、営業として自信を持っているDさんに、「うまくいっ

ていない現状」を事実としてしっかり認識させるのです。
なぜなら、Dさんのようなタイプは一般論で話をしても、個別・具体的なことでないと実感を持ってイメージすることができないため、考えるきっかけを与えることができないからです。

しかも彼ら行動派は、ちょっとやそっとのことではめげないタフさを持っていることが多いので、あいまいに柔らかく伝えるのではなく、**あえて厳しく現実の状況をフィードバックする**ことが必要です。

そして次に、その現実を踏まえて、何について考えればいいのかについて、ある程度**具体的にヒントを与える**ことが必要です。具体的にと言っても、答えを与えてしまっては部下の考えるきっかけを奪うことになります。ここで重要なのは、**考えるべきテーマを具体的に示す**ということです。

Kさんはこの保険商品の主要な顧客である、企業の人事・総務のニーズがどのあたりにあるのかを一緒に考えるところから始めることにしました。この考えるプロセスを共有することで、商品を売っていくのにどのように考え、顧客へのアプローチをどう変えていったらいいのかを体得してもらうためです。

③活用する――絞った顧客にメリットを伝える

上司のKさんから指示を受けたDさんは、早速、既存のお客様である企業の人事・総務部門を訪問させてもらうことにしました。「何に悩み、何を求めているのか」を直接、聴かせてもらうためです。

　人事・総務部門の担当者からは、こんな話が出てきました。

「最近の人事には、何かにつけて戦略性が求められる傾向があって、われわれも辛いんですよ。従来の業務を間違いなく進めるのはもはや当たり前。それにプラスして、いかに経営や社員に貢献できるかを明確に求められるんですよね」

現場の声からつかむヒント

　それを聞いたDさんは、初めて自社商品に求められていたものをつかんだのです。

「私どもの商品は、主に福利厚生として導入していただいているわけですから、そこにも戦略的なメリットが必要ということですね」

「そうなんです。御社のサービスを導入するとき、上を説得するのにかなり苦労したんですよ。そりゃあ実際に入れてみれば、安心して働けるセーフティネットになるし、社員の評価も高いから、満足してますよ。でも最初は、そういった効果が見えづらかったんですよね」

　彼女はこのやりとりを経て、このままテレアポでがむしゃらに営業をかけてもムダだ、と痛感しました。

　そこでDさんは、顧客に商品の利点を伝えることを、新たな目標として設定しました。

『戦略的福利厚生～社員の長期的・安定的な貢献を引き出す秘策』というタイトルで、ＬＴＤ保険の価値を企業の人事・総務の人に理解してもらうためのセミナー企画を立ち上げたのです。

顧客のメリットをアピールする営業

ここでも彼女の行動は素早く、テレアポ営業を新規顧客のセミナー集客へとシフトさせ、あっという間にセミナー実施にこぎつけました。

Ｄさんは、もうゴリ押しの営業はしませんでした。以前、Ｋさんとともにテレアポ営業不振のふり返りを行なった際、「人事・総務の担当者には保守的な人も少なくないため、強引さがかえってマイナスになる」という反省をしていたからです。

また、既存の顧客との対話により、自社商品の特殊性も理解できたため、「セミナーは、興味を持ってもらえる人に来てもらえれば十分」というやり方に切り換えたのです。

セミナーはほぼ満席の盛況。彼女はそこで、戦略的な福利厚生が必要な背景やＬＴＤ保険導入のメリットなどを、導入企業の事例等を使いながら、わかりやすく説明していきました。さらにセミナーが終了した後、アンケートで関心を持ってもらえた企業に絞って、電話で接触を図りました。

そこから個別にアポを取り、さらに相手が必要としている資料を準備するなど、まさに彼女が苦手としていた、ていねいなフォローを積み上げていったのです。

このようなプロセスでアプローチしたときの成約率は、テレアポのときとはまったく違うものとなり、Dさんは新規契約を次々に決めていきました。

解説

計画もそこそこにすぐトライする部下は、失敗をあまり恐れません。机上の空論を積み上げることよりも、試行錯誤をすることに満足感を感じているのかもしれません。

もちろん、先の見えない不透明な環境下で、果敢にトライができるのは素晴らしいことなのですが、問題はその勝率です。Dさんのような部下の勝率を高めるためには、行動の目的を事前に十分考えさせ、できるかぎりそれをブレイクダウンしておくことが重要です。

必要な仮説や計画をしっかりと設定し、そこに彼らの強みである行動力が相乗効果となってプラスされれば、他の人にはまず真似のできないような結果がおのずと出るはずです。

そのために上司は、以下のようなポイントで活用することが求められます。

Dさんのような人材を活用するためのポイント

○行動が空回りしないよう、重要なゴールを再認識させる
○ゴールを具体的な行動目標や計画に落とし込む
○一度考えて終わりにしないよう、考え続ける機会を与える

●Ｋさんは、Ｄさんをどのように活用しようとしたか

実は、このケースのような歴史の浅い企業や新たなプロジェクトでは、Ｄさんのような人材が重宝されます。効果的なやり方や答えがまだわからない状態にあると、先が見えなくても**何とか前に進もうとする能力**が活きてくるわけです。

Ｋさんは、Ｄさんが自分で「顧客の真のニーズがどこにあるのか」をつかみ、仮説を設定できるよう既存の有力顧客を訪ねることを指示しました。つまり、顧客の生の声から学ばせようとしたのです。

Ｋさんの読みどおり、Ｄさんは顧客の話を聞き、飛び込み営業の意味がないことを自分自身で認識することになりました。

しかし、ここで必要以上に反省したり、思考停止しては元も子もありません。Ｄさんの見つけてきた課題こそ、新規顧客へのアプローチのきっかけとなり得る、会社にとっての突破口なのです。そこでＫさんは間髪を入れず、Ｄさんに「課題を抱えた顧客のためにわれわれは何ができるか」を考えるよう宿題を与えました。

このようなＫさんの誘導があったからこそ、Ｄさんはセミナーの実施を思いつき、実現させることができたのです。セミナー企画が具体化する段階では、すでにＤさんは、来てほしいお客様像や、そこでどんな訴求をしていくかを明確に描けるようになっていました。

ここまでくれば、あとは実行あるのみです。このタイプの部下なら、持ち前の馬力で、よい結

果を出せるでしょう。実際、Dさんは新規契約を次々と取ることに成功しました。

④評価する――行動のスピードを認める

成功までの道筋をしっかりふり返る

Kさんは、Dさんとの対話の機会を設けました。

「最近、営業活動は好調のようだね。ここでちょっと、これまでをふり返ってみないか」

「ふり返りですか…？　そういうの苦手なんですよ。もう少し落ち着いてからでもいいですか」

「きみの場合、いつまで待っても落ち着くことはないだろう。成功体験をしっかりふり返っておくことは大事な工程なんだ。少しつき合ってくれ。

まずは、きみなりに今回の一連の流れのポイントを整理してみると、どんなことが言えそうかな？

きみがやってきたことを思い出してみて、どんな背景や意図があって、何にトライしたのか、その結果をどう受け止めたか、ということを、ざっくりときみの言葉で聴かせてほしいんだ」

「そうですね…まず最初は、前職での営業経験があったので、とにかくがむしゃらにテレアポに注力しました。私としては、営業方法も確立されてない中では有効だろうと思ったんです」

「そうだったね。残念ながらあまり効果が上がらなかったが。しかしそれでも、きみはしばらくやめようとしなかったね」

「他にやり方はないと思い込んでいたんです。でも、Kさんにストップをかけられ、現実を冷静に見て初めて、結果が伴っていないことに気づいてハッとしました。今考えると、お客様がどんな人で、どんな状況にあるのかなんてぜんぜん理解せずに、ひたすらゴリ押ししていたんですから、売れるはずもなかったんですね」

成功へのきっかけをどこでつかんだか

「でもその後、お得意様への訪問を指示したあとのアクションは、さすがに速かったね。そしてお客様の話から課題をすくい取って、すぐにセミナーによる集客プランに落とし込んだのは、素晴らしかった。期待以上の成果をあげてくれて、私も驚いたよ」

「そう言っていただけると、うれしいです」

「とくに〝戦略的福利厚生〟という切り口を打ち出したのがヒットだったね。あのあたりから、流れが変わったのを感じたよ。同じ商品を売るのでも、〝売り方〟を変えることで、お客様への見え方がまったく変わってくると実感したんじゃないか？」

「そうなんですよ。テレアポでは、信用されるまでに至らないことが多かったんです。なのに〝戦略的福利厚生〟というキーワードを打ち出して、関心を持っていただいた方にピンポイント営業するようになってからは、先方からもっと話を聴かせてくれと打診をいただくような状態になったんです。これは初めての体験だったので、驚きました」

「『数打ちゃ当たる』のスタイルを捨てて、しっかり調査をした上で、戦略的かつ効率的に攻める戦術で成果をあげたわけだ。短い期間で、新たな営業の本質を学べたようだね」

「ええ。正直、私は前職で営業をかなり極めたと天狗になっていたんです。だから、もうどこでも通用すると思っていて……。でも、とんでもありませんでした。営業の奥の深さを知って、また仕事が面白くなった気がします」

解説

このタイプの部下は、実行の迅速性を評価されることにもっとも喜びを感じます。彼らにとっては、うまくいくか、いかないかのカギを握るのは「スピード」です。ぐずぐず考えてタイミングを逃すと元も子もないと考え、どれだけ早く行動に移せるかに力を注ぐのです。

これは、あながち間違った考え方ではありません。日本の企業はとかく計画に時間をかけがちですが、市場が見えにくい場合は、不完全でもまずは仕掛け、反応を見ながら修正をしていくことで新たな市場をつくっていけるという側面もあるのです。

したがって、彼らを評価するときには、その圧倒的な実行力にスポットを当てること。そして計画不足で失敗に終わったときにも、決して彼らの実行力自体を否定しないよう、正しいふり返りを行なうことが大事です。

Dさんの成果ふり返りワークシート

1)背景 (Why)	出版から保険の営業に転職。営業力への自信から、テレアポを実践したが、うまくいかなかった
2)狙い (What)	顧客である人事・総務のニーズや困っていることなどを正確に把握し、効果的な営業方法を考える。そして、数字を上げる
3)工夫 (How)	自社商品に“戦略的福利厚生”という新たな意味づけを行ない、商品の内容をわかってもらえるよう訴求するセミナーを企画・実施した
4)結果 (Result)	セミナーを通じて、本当に商品を求めているお客様を獲得することができ、新規契約に結びつけることができた

上記のワークシートで、とくに上司が注目すべきは「工夫」の項目です。取っつきにくい顧客へのアプローチで壁にぶつかれば、普通ならめげてしまうところです。しかしこのタイプは、逆に課題を新たなアイデアとして積極的に取り込み、即実行に移せます。

　Dさんのようなタイプは、行動する前に上司が方向性を与え、**考えるべきポイント**さえ押さえさせれば、実行力とアイデアを生み出す柔軟な力を併せ持つ、得がたい人材に育ちます。

　上司としては、彼らが即行動に移すことの問題点に直面したタイミングを逃さずに、**事実を厳しく伝えるところから始め、考えることの有効性を自覚させる**ための糸口を見つけるのがいいでしょう。

　実際、面談でDさんがふり返っているように、ＬＴＤ保険という商品を飛び込み営業的に売るのと、戦略的福利厚生というキーワードで売るのでは、顧客からの見え方がまったく変わりました。それが、結果的に数字に直結したと言えるでしょう。

この営業スタイルは、**顧客のニーズについてしっかり考えるプロセスがあったかどうか**で変化します。そのため、上司がこの機会を与えられるかどうかが、このタイプの部下を上手に活かすカギになるのです。

⑤動機づける――キャリア展望の視野を開く

これまでの自分の仕事のふり返り

Kさんは、時間を置いて、またDさんと対話の機会を設けました。

「この前は営業を極めたいって言っていたけど、きみはこれからもずっと営業一筋でやっていくつもりなのかな?」

「そう決めたわけではないです。でもやっぱり私の場合、即実行がウリなので、営業が一番性に合っていると思っています」

「きみらしいな。逆に営業をずっとやっていて嫌なこととかないの?」

「もちろんありますよ。お客様に理不尽な要求をされたりとか、お客様のニーズを社内に持ち帰っても理解してもらえないとか。でもそういうときも、その場でのお客様との真剣勝負で結果が出る、あの緊張感が好きなんです」

「なるほどね。ウチの会社に転職してきて、結果が出てくるまで、けっこう時間がかかっただろう。あのときに、営業という仕事について考えたことはなかったのかな？」

「ああ、そう言われればあの頃はすごくありました。私が営業で通じるのは、出版業界という狭い世界だけで、保険業界では営業に向かないのかもしれない、なんて真剣に悩みましたから。私、走っていないと死んじゃうというか、常に動いて結果を出していないとダメなんですよ。だからあの時期は本当に辛くて……。Kさんの指導が本当にありがたかったです」

「そうだなあ。業界や売るものが違えば、それぞれに合った営業のやり方があることは間違いないからね。

ところでDさんは、どんな営業を目指したいとか、理想像はあるかい？」

部下の希望をアシストする

「今回のように商品が変わったとしたとしても通用するような、どんな商品でもお客様のニーズに合わせた商談ができる、万能型になりたいですね」

「そうか。いい目標を持っているね。だったら、今の仕事をもう少しやってから、本社営業を経験するのがいいかもしれない。営業の現場だけでなく、営業戦略の企画・実施といった要素も含めて多面的に経験を積むことで、より万能型に近づけると思う」

「そうですね！　そういえば今回、本社のスタッフと一緒に、『戦略的福利厚生』のセミナーの企画をやらせていただいて、本社の仕事も面白いなと思っていたんです」

「ただ、本社営業はお客様との関わりが間接的になる分、気苦労は多いぞ。現場バリバリの営業から本社に引き抜かれて、力を発揮できないまま苦しんでいる人も少なくない」

「勝手が違いそうですものね。でも私は乗り越えてみせますよ。ぜひやってみたいです」

「そうか。では、長期のキャリア目標として設定してみようか。まずは本社営業の打ち出す施策や指示を、『なぜ、こういうふうにしたいのだろう』と相手の立場に立って考えることから始めるといいよ」

「はい！」

解説

このタイプの部下は、「自分の特性である行動力が活かせる場を確保したい」と考えるため、現場に近い最前線で仕事をすることを好みます。今回のケースのように営業職は、その典型的な仕事です。

したがって、「現場を離れる」という決断は、このタイプの人材にとってはとても大きなものとなります。下手をすれば、〝即行動〟の自分の長所を活かすことができず、〝無能〟と見なされる危険性があるからです。

しかし、会社での長期的なキャリアを考えるとき、いつまでも現場にしがみついていることは

Kさんが書いた、Dさんの動機づけワークシート

1)部下のもやもや感（Why）	営業の仕事は一番性に合っているが、転職当初は商品特性の違いで戸惑った。もっと多様性を身につけないと、商品や業界によっては通用しない
2)部下の思い（What-1）	どんな商品でも、お客様に対応できる、万能型営業になりたい
3)上司の思い（What-2）	営業としての幅を広げるために、本社営業にもチャレンジするのがいいかもしれない
4)互いの接点（How）	万能型営業へのステップとして、本社営業を目指す。その準備として、本社の打ち出す施策や指示の意味を相手の立場から考えるところから始める

現実的ではありません。また、たとえ現場主義を貫くにしても、一度でも考える要素が強い仕事を経験しておくことで、行動という強みの幅が広がることがあります。

また、会社側からの視点からも、Dさんのような人材を企画や管理などの部署に置くと、大きなメリットがあります。企画部門等の考える要素が強い組織には、どうしても頭でっかちな人間が集まりすぎて、実行不全につながる戦略や施策を出してしまいかねません。そのような中に行動力のある人間が入る意味は、組織にとっても大きいのです。

これらの点から、上司は、まず部下の特性と彼らが描く将来像を、表面的なところだけなく、より深い部分で引き出していくことが求められます。本人の望む現場主義以外の選択肢も視野に入れさせながら、キャリア支援をしていきましょう。

前記の対話や動機づけワークシートを見てわかるように、Dさんは自分自身では、「本社営業」という選択肢についてまったく考えていませんでした。

彼女のキャリアイメージは、漠然とした「営業一筋」というものでした。しかしKさんは、Dさんの**将来にわたるキャリア志向をもっと深いところから掘り出そうとしています**。

Kさんは、まずDさんが挫折しそうになったときに感じたことや、理想とする営業像などについて問いかけることによって、**自分自身のキャリアのあり方**について考えるきっかけを与えました。そして「幅を広げる」という漠然とした目標について、具体的にどうしたらいいのかをアドバイスしました。

このように、自らのキャリアについても、**しっかり向き合って考えさせる場を与える**ことが、動機づけには欠かせないのです。

6章

〈ケース5〉
常に問題提起せずにいられない部下

A面の見かけ	B面のココロ
派手好きで、目立ちたがる	**臆せずズバリ問題提起する**
● 自信過剰である	● 鋭い問題意識を持っている
● 問題は言わないと気がすまない	● 言いにくいことも問題提起する
● 大風呂敷を広げる	● 周囲にインパクトを及ぼす発信をする

ズバズバ直言型の医療機器メーカー営業マンEさん

①認識する――担当エリアの実績で本社に異動を希望……

医療機器メーカーで営業を担当しているEさんは、担当するエリアの眼科開業医を中心に白内障手術用の人工眼内レンズを販売していました。

しかし、自社の人工眼内レンズ市場におけるブランド力は高くなく、有力競合メーカーにはまったく歯が立ちません。この状況を何とか変えようと、彼は本社に販促方法の見直しをしつこいほど要請しました。しかし、「もともとブランド力のない製品だから、地道に正攻法でいく以外は考えなくていい」と取り合ってもらえません。

それどころか、本社では直訴したEさんを〝目立つことで株を上げようとするパフォーマンス人間〟と見なすような雰囲気もありました。

「それならば、俺にも考えがある。本社の支援が得られないとなれば、積極的な営業スタイルで担当地域のお客さんに徹底的に入り込んで実績をつくるしかない。この地域だけでもシェアを

料金受取人払郵便

神田支店
承　　認

8188

差出有効期間
平成26年８月
31日まで

郵便はがき

101-8796

５１１

（受取人）
東京都千代田区
神田神保町１－41

同文舘出版株式会社
愛読者係行

毎度ご愛読をいただき厚く御礼申し上げます。お客様より収集させていただいた個人情報は、出版企画の参考にさせていただきます。厳重に管理し、お客様の承諾を得た範囲を超えて使用いたしません。

図書目録希望　　有　　無

フリガナ お名前		性　別 男・女	年　齢 才
ご住所	〒 TEL　　（　　）　　Eメール		
ご職業	1.会社員　2.団体職員　3.公務員　4.自営　5.自由業　6.教師　7.学生 8.主婦　9.その他（　　　）		
勤務先 分　類	1.建設　2.製造　3.小売　4.銀行・各種金融　5.証券　6.保険　7.不動産　8.運輸・倉庫 9.情報・通信　10.サービス　11.官公庁　12.農林水産　13.その他（　　　）		
職　種	1.労務　2.人事　3.庶務　4.秘書　5.経理　6.調査　7.企画　8.技術 9.生産管理　10.製造　11.宣伝　12.営業販売　13.その他（　　　）		

愛読者カード

書名

◆ お買上げいただいた日　　　　年　　　月　　　日頃

◆ お買上げいただいた書店名　（　　　　　　　　　　　）

◆ よく読まれる新聞・雑誌　（　　　　　　　　　　　）

◆ 本書をなにでお知りになりましたか。

1．新聞・雑誌の広告・書評で　（紙・誌名　　　　　　　　）

2．書店で見て　3．会社・学校のテキスト　4．人のすすめで

5．図書目録を見て　6．その他（　　　　　　　　　　　）

◆ 本書に対するご意見

◆ ご感想

●内容	良い	普通	不満	その他（　　　　）
●価格	安い	普通	高い	その他（　　　　）
●装丁	良い	普通	悪い	その他（　　　　）

◆ どんなテーマの出版をご希望ですか

<書籍のご注文について>

直接小社にご注文の方はお電話にてお申し込みください。宅急便の代金着払いにて発送いたします。書籍代金が、税込1,500円以上の場合は書籍代と送料210円、税込1,500円未満の場合はさらに手数料300円をあわせて商品到着時に宅配業者へお支払いください。

同文舘出版　営業部　TEL：03－3294－1801

逆転できたら、きっと注目を浴びられるはずだ。本社の幹部たちを振り向かせてやるぞ」

有力メーカーに迫る実績からくる自信

負けず嫌いの彼は、この状況にかえって闘志を燃やし、担当エリアの開業医への訪問頻度を従来よりも上げて、まずは個人的な関係を築くことに集中しました。

顧客であるドクターたちは、最初は面倒くさがっていたものの、Eさんの熱意や人なつっこさに徐々に心を開いていき、しばしば頼みごとをするようになりました。

Eさんは、手術の立ち会い等の手間のかかることでも、自分で応えられることは何でも積極的に対応していきました。その結果、これまで満足に話を聴いてもらえなかったドクターも少しずつ態度を軟化させ、自社製品を採用してもらえる頻度も上がってきたのです。

そのような努力の末、彼の担当するエリアでは有力メーカーに迫るシェアを獲得することができました。これは、他のエリアではあり得ない成果です。あれほど煙たがっていた本社の営業戦略担当者も、この結果は無視できません。

以前とはうって変わった態度で、「さすが、Eさんですね。いったいどのような方法を取ったのですか？」とヒアリングにくるようになりました。

「だから言ったでしょう。僕は勝ち目のない戦いはしない主義です。いくら認知度の低い商品でも、やり方はいくらでもあるんですよ。ブランド力がないなんて、言い訳に過ぎません。早く販促方法を見直せばいいのにやらないのは、怠慢以外の何ものでもありませんよね」

とEさんは自信満々で答えます。

本社の担当者も、特筆すべき実績をあげたEさんに反論する言葉を持ちませんでしたが、その傲慢な姿勢には眉をひそめずにはいられません。

気分をよくしたEさんは、さらに野望を抱きます。

「俺がこのエリアでやったことを全国に広げるためには、本社に異動して営業戦略を担うしかないだろう」

彼はその後、年に一度、人事部に提出する異動希望の自己申告書に、本社希望と記入しました。この希望は次の定期異動で叶えられることになり、晴れて本社の営業企画部に異動することになったのです。

解説

組織や事業を、将来こうしていきたいという志や思いがあっても、一介の社員がそれを口にすることがはばかられるような空気は、日本の企業のあちこちに存在しています。もともと謙虚であることをよしとする日本的な風土がそうさせているのかもしれません。

あるいは、組織の中で多くの人が問題だと感じることがあっても、それを口に出してことを荒立てるよりも、みんなで見て見ぬふりをしてやり過ごそうという風潮が強いのかもしれません。

こういった場合は、「みんなわかってやっているんだから、空気を読め」という暗黙の了解が作用します。こうなると、動き出した仕事を止めるような〝ぶちこわし発言〟はますますしづらくなるものです。

いずれにせよ、組織の中でうまくやろうとするなら、多くの場合はおとなしく従順な社員でいなければなりません。それはおそらく、以下のような常識が多くの企業に存在しているからです。

■組織の常識・上司の本音

○目立った能力や成果があっても、「出る杭」にならないよう謙虚に振る舞うべきだ
○たとえ問題を見つけても、組織を混乱させるようなことは言うべきではない
○上層部の決めたことに疑問を持ったり、変えようとしてはならない

■Eさんのどこがまずいのか・このまま放置するとどうなるか

Eさんのようなタイプは、思ったことは何でもズバズバ直言してしまう傾向があります。これは、組織の和を乱す原因となってしまうため、多くの場合、あまり歓迎されることではありません。このタイプの人は、野心をむき出しにして自分の実現したいことに突き進んでいくため、社内でも目立った存在に映ります。しかもあまりいい意味ではなく。

そして、問題意識が旺盛な彼らには、自分の理想を実現するのに障害や制約になっているもの

は、越えるべき問題としてチャレンジの対象になります。他の社員が見て見ぬふりをしているものをあえて顕在化させようとするため、トラブルメーカーともとられがちです。

しかし本人は、そのように見られることも気にならないため、相手が本社だろうが先輩・上司であろうが、秩序を重んじることなく挑みます。

この状態のまま放置しておくと、彼らはますます「一匹狼」的存在として孤立してしまうでしょう。本人は「やるべきことをやって何が悪い、これは会社のためを思ってやっているんだ」と居直っていますから、手がつけられません。

Eさんは、会社としては勝ち目のない競合相手に対して、個人戦で勝てる方法を見出しました。このときの上司だった担当エリアの営業マネジャーは、Eさんを持てあまし、マネジメントもせず野放しにしていました。

Eさんもそれをいいことに、上司へのホウレンソウもあまりせず、結果さえ出せばいいだろうという意識で自分のやりたいように動いていたので、上司も早くどこかへ異動してほしいと思っていたのです。

②育成する——他の人を認め、謙虚であることの大事さを伝える

自社営業マンたちへの危機感

現場の営業から本社・営業企画部に異動して、営業戦略の立案に関わるようになったEさんは、

あることに危機感を持っていました。それは、自社営業マンに対するドクターたちの評価です。業界関係者が参考にする業界誌のランキング調査などを見ると、自社の営業マンの評価はいつも下位にランクされていたのです。

Eさんが現場の営業だった頃は、担当エリアでは競合他社に負けない存在感を示し、ドクターからも圧倒的な信頼を寄せられていたという自負がありました。

「俺のドクター評価は、間違いなく一、二位を争っていたはずだ。なのにウチの営業たちときたら……。なぜみんな、こんな低評価に甘んじていられるのだろう。自社営業の評価を、何とか高めていかないと」と決意を固めるEさんでした。

一方で、業界関係者が信じている業界誌の情報がすべてなのだろうか、という疑問も湧いてきました。

「まじめで誠実なだけの営業マンではダメだ」

「業界誌が伝えるのは、あくまで一般論だ。でも、ウチが大切にすべき本当のニーズは、密なおつき合いのある顧客から直接聴く声にあるんじゃないか。そこから、ウチならでは営業の強みや改善点を明らかにすればいいんだ」

彼は、上司のLさんにこの話を持ちかけました。

「業界で常識とされている情報をもとに他社と同じような方針で対策を打っても、結局大手に負けてしまい、当社の評価を変えることはむずかしいと思います。ここは、ウチならではの独自の方針を打ち出して、逆転を狙うべきではないでしょうか。

私が現場にいた頃は、とにかくドクターのもとに誰よりも頻繁に顔を出して、商品をモーレツにアピールしてきました。暑苦しいと言われようが何だろうが、とにかく顔を覚えてもらって、ウチの商品のメリットを聞いてもらわなきゃ始まらない。ウチの営業マンはおとなしすぎるから、ドクターの記憶にも残らないんですよ」

顧客の不満の声を集める

「Eくん、みんなが自分と同じようにやればいいと思うのは、きみの奢りじゃないか？　誰にだって、それぞれの持ち味があるはずだ。

確かに、当社の営業はまじめで誠実な面は評価されるものの、おとなしくて存在感があまりないと言われている。しかし、これからの医療に求められる社会的な使命を考えると、それがまったくダメだとも言い切れないだろう」

「はあ、すみません……。でも、いつまでも下位ランクの会社なんて言われて悔しいじゃないですか。私のケースもあるように、みんなだってやればできるはずなんです」

「きみが、現場のために役に立ちたいと思うなら、できることはもちろんある。ウチの製品を使っていただいている有力なドクターに、ウチの営業に望むことや不満な点をできるだけ幅広い側面から聴きに行ってくれないか？
でもいいか、自分の正しさを証明するためにやろうとは思うなよ。ドクターの生の声からしっかり学んでくるんだ。それができるなら、周りから横やりが入っても、私はきみの動きをサポートするから」

解説

このタイプの部下は、自分が問題だと思ったことや達成した成果を周囲にどんどん発信したいと考えます。それは、自慢したいのではなく、会社の利益につながるという確信があるからです。その志向は間違いではありません。しかし問題は、その伝え方です。このタイプは、悪気はなくてもつい自慢をしてしまったり、他人を見下した態度をとったりしがちです。

重要な問題提起を組織に広めるためには、発信者に謙虚さが求められます。タブーと言われていることに触れるテーマであれば、なおさらその発信方法に細心の注意を払わなくてはなりません。組織に貢献するために積極的に発信させ、かつ謙虚さを示すということを部下に両立させるためには、上司には以下のような関わりを持つことが求められます。

●Eさんのような部下を育成するためのポイント

○正しい意見でも、実際に伝わらなければ意味がないことを具体的に示す

○損得勘定でギブ&テイクするのでなく、まず徹底してギブ&ギブさせる
○ギブ&ギブの姿勢でいるかぎり、上司として味方になることを約束する

●Lさんは、Eさんにどのように関わり始めたか

このタイプの部下には、上司としてときに彼らの自信をくじくことも必要になってきます。自分のやっていることが一番と思い込むクセがあるため、そうではないことをしっかり根拠を示して厳しくフィードバックするのです。

このとき上司としては、「幅広い視点で、ある一点からだけでなく多面的に見ると、理解や判断が変わることもあり得る」ことを示すのです。マネジメントでは、まず部下の**ポジティブな側面から見ることが定石**ですが、この場合は少し応用が求められます。

Eさんの発想の根底に、他の営業マンたちを見下した態度が入っていると感じたLさんは、その部分は厳しく叱責しました。その上で、Eさんのユニークな主張に目を向けたのです。

Eさんの「自社営業の低い評価を知りながら、なぜ本気で改善しようとしないのか」という問題提起を、Lさんは頼もしく感じていました。上層部が打ち出していた「もっとドクターに評価される営業を」という方針は、どんな会社でも言っているあいまいなものです。現場では何の役にも立たず、方針などあってないような状態になっていたのです。

Eさんの提言は、その現状に一石を投じる重要な指摘になっていたため、Lさんは可能性を感

じ、Eさんにやらせてみることにしました。

ただし、「自分のためにやるのではない」と釘を刺しています。通常であれば、ビジネスではギブ&テイクの関係を社内外で築くことが大事とされますが、このタイプの部下には必要以上に**他者への貢献**という側面を強調しておくことが重要です。

自分の利益ではなく、まず相手の利益を先に考えることで、結局は自分にもその恩恵が返ってくることを体験として覚え込ませるためです。

③活用する――“現場情報の価値”を示し、部下を援護

Eさんは、有力顧客であるドクターに、自社の営業に対する評価をインタビューするため、全国各地を飛び回りました。そのインタビューを通して彼が受け取ったものは、多くがネガティブなフィードバックでした。

現場で知った他社の優秀さ

「おたくの営業は、製品のスペック情報しか提供してくれないんですよね。私たちは、日々患者さんに接していて、製品のよくない側面も当然見えています。だから本当にほしいのは、ネガティブな面も含めた正確な情報なんです。その点で、やっぱり評価が低くなっちゃいますよ」

Eさんはそれを聞いて、大きなショックを受けました。なぜならそれは、まさにかつての自分

の営業スタイルだったからです。逆に、業績をあげている営業マンには異なるタイプがいることも、インタビューから浮かび上がってきました。

「X社の担当者は、自社の優れた点とともに副作用が起きるリスクについても的確に情報提供してくれるのでありがたいですね。それに競合する製品のこともよく勉強していて、こういう場合は他社のほうがいいかもしれないと提案してくれるので、信頼して任せることができますよ」

こうした声を聴くにつれ、Eさんは自分が〝医療行為の重要な一端を担っている〟という点を軽視していたことを、素直に反省することになりました。

そして、ドクターたちが営業に求める要件を、自分なりの言葉で思いを込めてまとめ、これを営業本部の会議で、「これから求められる営業マン像」として問題提起したのです。

〝患者の声〟を反映したトップ層への問題提起

自社の販売シェアが低迷しているのは、「営業の売りに対する貪欲さが不足しているからだ」というのが営業のトップ層の定説でした。彼の問題提起は、そこに反論を投げかけるものでした。しかし

「私自身も過去現場にいたときは、もっと積極的に仕掛けるべきだと思っていました。しかし私たちは、お客様であるドクターのリアルな声にもっと真摯に向き合うべきだと思います」

「それは、しょせん理想論だ。商売なんだから、売りの貪欲さを減らしたら、もっと売上げが低下してしまうではないか」

「患者さんの医療に対する見方はどんどん厳しくなってきています。医師の声も、患者さんの意見を反映させたものだと私は理解しています。この声を聞かずして、売上アップなどは望めないのではないでしょうか」

難色を示すトップ層に、上司のLさんもすかさず援護の手を差し伸べます。

「Eくんが全国各地の現場で収集した情報には、極めて大きな価値があります。当社の営業戦略も過渡期を迎えているのは事実。〝患者視点に立った営業〟に本気で転換することは覚悟のいることですが、今を置いて他に機はないと思います」

EさんとLさんが決死の思いで直訴したことで、会議の場は情勢が逆転。新たな営業スタイルは「行動規範」として設定され、業績評価の項目にも大きく反映されることになりました。

解説

会社や職場には、問題だと多くの人が気づいていても、それを言うこと自体がタブーとされていたり、言ってもムダだと諦められていることがあります。

社員としては、やっかいなことに首を突っ込んで、これ以上余計な仕事が増えてしまうのはゴメンだ、という意識もあるでしょう。

そんな中で、あえて空気を読まず、言いにくいことも臆せずに問題として直言できる部下は、極めて貴重な人材です。ただ、そのような発言をした部下自身は抵抗勢力と戦うリスクを抱える

ことになり、結果的には立場が危うくなってしまうことも少なくありません。

そこで上司には、問題意識が効果的に周囲に伝わる方法を指導したり、援護する役割が求められます。

●Eさんのような人材を活用するためのポイント

○細心の注意を払って、言いにくいことを伝える姿勢を学ばせる
○周囲を巻き込むことを意識した内容の発信をさせる
○その発信によって起きるであろう抵抗から守る

●Lさんは、Eさんをどのように活用しようとしたか

実際にドクターたちの生の声を聴いたEさんは、トップ層に営業方針の転換を促したいという強い意志を持っていました。Lさんもこの考えに賛成でしたが、トップ層と無益な軋轢を生むことを懸念しました。

そこで、トップ層への伝え方について、Eさんと何度も打合せをしながら、最適な方法を一緒に考えたのです。また、それでも抵抗にあったときには、**上司としてしっかり援護する**ことも約束しました。

こうして鋭い視点で提言したEさんでしたが、予想どおり一部トップ層の反対意見に押され、

かなり不利な立場に立たされました。しかし、そんなときこそ上司であるLさんの援護が効果を発揮します。

Lさんは、Eさんが過去に自身が実績をあげた営業スタイルを、顧客インタビューを通じて反省し、新たな気づきを得たことを評価しました。また、新たなスタイルで取り組んでいる営業マンがドクターの信頼を得て成功している例を取り上げて、提言に説得力を持たせたのです。その援護によって、トップ層も理解を示すほうに動くことになりました。

このケースでは、Lさんという上司がうまくサポート・援護にまわり、成果をあげました。しかし、もし上司がうまく部下をマネジメントできないと、Eさんのようなタイプは孤立無援のまま、思い詰めて自爆テロ的行為に及ぶようなことさえあります。

つまり、問題提起に優れた部下を活かすも殺すも、上司次第なのです。ここで重要なのは、上司が部下との考え方のすり合わせに手間をかけて、**進むべき方向性を合わせておく**ことです。

④評価する——事実を大事にする姿勢、仲間を大切にする姿勢

過去を反省したうえでの業績

それから一ヶ月後、LさんはEさんを食事に誘いました。

「Eくん、きみも本社に異動してから一年近くたつね。同じ営業でも、現場と本社では仕事の見え方がぜんぜん違うだろう」

「本当にそうですね。現場で、お山の大将でやっていたほうが、正直気楽でよかったかもしれない、と思うこともたびたびありました」

「いや、僕はきみが本社にきたのは、会社にとってもきみの将来にとってもプラスになると思っているよ。何と言っても、きみには本質を見る力と、言いにくいことでもズバッと伝えられる、得がたい才能があるからね」

「自分でもそう思っていました。でも、そのせいで天狗になっていたんですよね。そこでLさんの指示があって、ガツンと厳しい現実を見せてもらえたからこそ、行動規範の設定につながったんだと思っています」

「われわれの業界では、まだまだ患者さん本位の営業なんていうのはお題目にすぎないのが現状だからなあ。今回、きみが有力なドクターから厳しい声を聴いてきてくれた意味は大きいよ。まだトップ層も、その意味が本当にわかったかどうかはあやしいところだけど、とにかくこの行動規範を大事に活かしていかないとな」

「成功体験に頼っているトップはダメだ！」

「トップ層は、ドクターを通して患者さんの声を聴くようなことをしなくて、右肩上がりで売上げが伸びていたときの成功体験で営業方針を立てるじゃないですか。あの考えが時代に合っていないんですよ。あの人たちが上にいるかぎり、この会社の将来はかなりヤバイと思います」

「そうだな。そういう面もあるかもしれないが、だからといって諦めるわけにもいかない。現に今、戦略や諸施策の決定権は彼らにあるわけだから、これからも粘り強くトップ層にも訴えかけていかないとね」

「はい、もちろん諦めるつもりはありません。僕自身は、同じ世代やもっと若い世代の現場の営業で、共感してくれる仲間を増やすことに労力をかけたいと思います」

「ぜひそうしてくれ。現場の実態を具体的に変えて、それでこれまで以上の業績が出せることを証明できれば、それに勝る説得材料はないからな」

「実は、本社にきてどうすればいいか、しばらく悩んだ時期もあったんです。でも、今は方向性が明確になったので、可能なかぎり現場と接点を持って、事実を把握しながら新しい営業スタイルへの巻き込みを目指そうと思います」

「われわれの方向性はピタリ合っているわけだから、存分にやってほしい。必要があれば、いつでも応援に行くから」

解説

このタイプの部下は、問題提起の鋭さを評価されることにもっとも喜びを感じます。

彼らは、組織の中で起きている問題構造を見抜き、あるべき姿とのギャップが何なのか、それを突破するための切り口はないかを、いつも狙っています。

Eさんの成果ふり返りワークシート

1）背景 （Why）	医療機器業界の中で、自社営業の評価ランキングがいつも下位であることに危機感を抱いていた
2）狙い （What）	業界誌などの一般情報ではなく、自社製品の有力ユーザーから本当のニーズを聞き、営業戦略を再構築する
3）工夫 （How）	ドクターへのインタビューから、自社製品が医療行為の重要な役割を担っていることを再認識したため、それを営業マンに求める行動要件としてまとめた
4）結果 （Result）	営業の貪欲な売りの姿勢が足りないというトップ層の認識に反論し、患者視点に立った営業に本気で転換する、会社としての方向性を先導した

そのため、上司としてはまず彼らの問題を見る目の確かさを評価すべきです。表面的なレベルで問題を把握し、対症療法的に手を打てる人材は多くても、目に見えにくい本質的な問題を洞察できる人材は非常に限られます。

Lさんとの対話と成果ふり返りワークシートを見ると、Eさんは業界の表層的な現実にとらわれず、医療機器の営業として本質的に求められる機能を、上司の指導および顧客インタビューから見抜いたことがわかります。

Eさんのようなタイプは、問題提起をする相手やタイミングを考慮し、シナリオ設定してから動いたほうが、うまくいく確率が上がることを理解しさえすれば、タブーとなっている問題をうまく取り上げて、**抜本的な解決に向けてものごとを進める**ことができます。

上司のLさんの指導の成果として、Eさんはトップ層にやみくもに直言することはしなくなりました。

また、今回の対話から、彼が現実的な対応として、現場の営業層に**持論をぶつけて巻き込んでいこうとしている**ことがわかります。そして現場での成果をもとに、事実ベースで改めてトップ層の理解を得るというやり方を、Lさんと一緒に進めていくことで合意しました。

Eさんは問題意識の高さや鋭さを失うことなく、それを実際に会社の施策として活かすことも考えられるような人材になってきているのです。

⑤動機づける――現場のミクロと会社のマクロのバランス

今の仕事での喜びと辛さは何か

ふり返り対話から数ヶ月後、またLさんはEさんと対話の機会を持ちました。

「今の仕事をやっていて、一番喜びを感じることって何だろう？」

「現場の営業のとき、問題だと思うことには二つのタイプがありました。ひとつは自分の努力で何とかできるものですが、もうひとつは会社のしくみの問題です。後者の場合、自分だけではどうにもできないジレンマを感じていましたが、今の仕事では少なくとも自分の力でそれを取り上げることができることでしょうか」

「営業企画ならではの役割だし、うまく進められれば醍醐味と言えるよな。逆に、辛さや大変さはどこにあるかな？」

「結局、裏返しになってしまいますが、取り扱う問題が大きい分、トップ層を含めた多くの人を巻き込む必要があるし、そこにかなりの時間がかかってしまうところですね。現場だと即断即決でやれることがかなりありますから」

考えが合わない役員も練習材料

「現場と本社の両方を経験してみて、今後のキャリアについて自分なりに描いていることがあれば教えてくれるかな」

「Lさんにも言っていただいたように、言いにくいことも問題提起できることが私の強みのひとつだと思っています。現場の一つひとつの仕事をていねいにやることも好きですが、どちらかと言うと、もっと大きな範囲で問題を把握したり発信することにより関心があります」

「本社営業で全社のしくみに関わるような大きな問題解決に、たいへんだけど参画していきたいということだね」

「Lさんからご覧になって、私にはその適性があるでしょうか」

「複雑な状況の中から問題を発見する力や、それを分析・整理して対策を考える力も優れていると思うよ。しかし、本社はさまざまなしがらみが多いところだから、性急にことを進めようとするとかえって時間がかかってしまうことも多い。もっと経験を積んでそのあたりを理解して、対応の仕方を学ぶといいな」

「それは、根回し術を覚えろというようなことですか?」

「根回しと言うとネガティブに受け取られてしまう傾向があるけど、本質的に必要なことを実現するためにする根回しなら、私はもっと活用すべきだと思う。あるいは根回しではなく、『巻き込み』と言ったほうがいいかもしれないけど」

「Lさんのトップ層や現場の巻き込みは絶妙ですものね。いいお手本にさせていただきます」

「とくに自分と考えが合わないなと思う役員さんなんかは、格好の練習材料だよ。粘り強くアプローチしてみるといい。私も応援するから」

解説

このタイプの部下は、目の前で起きているいろいろな現象の一つひとつに着目するよりも、全体として把握し、それを文書や口頭で表現することを好みます。いわゆる、企画職がその典型的な仕事です。

しかし、ケース4とはちょうど逆のパターンになりますが、企画的な仕事も長いことやっていると、現場感覚でものを見ることができなくなってしまいます。

そこで、人事異動等で現場との間を適当な周期で行き来することが必要です。異動とまではいかなくても、現場には頻繁に足を運び、見方や考え方に乖離が生じないようにしておくことも必

要です。

上司としては、マクロ的な視点で仕事をする力と、現場のミクロ的な視点で仕事をする力の両方をバランスよく持たせるよう、キャリア支援していくことが求められます。

Lさんが書いた、Eさんの動機づけワークシート

1）部下のもやもや感（Why）	本社営業（企画）では、トップ層を含めた多くの人の巻き込みが必要で、それにかなりの時間がかかってしまうのにまだ戸惑いがある
2）部下の思い（What-1）	本社営業として、全社のしくみに関わるような大きな問題解決に参画していきたい
3）上司の思い（What-2）	しがらみの多い仕事だけに、性急にやりすぎず、成果を着実に出していくやり方を学ぶことが必要
4）互いの接点（How）	トップ層や現場を巻き込んだ営業企画を立案する。また、自分と考えの合わなそうな役員には粘り強くアプローチしてみる

Eさんは、会社全体という大きな範囲で営業の問題を把握したり、発信することができる現在の仕事をとても気に入っているようです。

そこで、上司のLさんはその強みの部分を自己分析させ、しっかりフィードバックするとともに、本社で自分の考えたことを実現するために効果的な進め方についてもっと学ぶように伝えています。

忘れてはならないのは、彼のようなタイプは、自分の成功に天狗になりやすい傾向がある点です。上司としては、Lさんのように改善ポイント

も取り上げて、どのくらいできているのか自分自身でふり返らせるような働きかけが必要です。

また、ＬさんはＥさんに、「根回しの仕方をもっと覚えろ」とは言わず、**根回しの本来的な効果**を十分に説明した上で、そのようなやり方をＥさんも学ぶ必要があるのではないか、と促しています。

このような伝え方であれば、Ｅさんもおそらく抵抗なく、根回しの実践にもトライできるはずです。

7 章

〈ケース6〉
協調よりプロとしての成果にこだわる部下

A面の見かけ ⟷ B面のココロ

集団に合わせず単独行動に走る

- 周囲と協調しない
- 変わり者と思われることを気にしない
- 組織への帰属意識が低い

プロとしての成果にこだわる

- 自立した姿勢を貫く
- 高い専門性を磨く
- 専門性を成果につなげる

人事の「プロ」を目指し、前職を切り捨て我が道を歩むFさん

①認識する――チームワークを軽視する姿勢への懸念

悪しき慣習からぬけ出して「プロ」になる

歴史ある大手企業の人事部で働くFさんは、近い将来の自分の姿を想像し、「このままでは会社に埋没し、〝社畜〟の道まっしぐらだわ」と暗澹たる思いを抱えていました。

というのも、いい仕事をしようと張り切っていたのに、会社で時間を取られるのは、非効率的な慣習ばかりだったからです。そんな状況にあきあきし、モチベーションが下がっていました。

しかしあるとき、「腐っていてもしょうがない。自分は人事のプロとしてどこでも通用する人間になろう」とひそかに誓いました。

Fさんの行動パターンは、それから一変しました。ひとり早朝から出社し、職場が静かで集中できるうちにひと仕事終え、ほぼ定時には帰れる状態をつくったのです。周囲が残業をする中で、颯爽と会社を後にするのは、彼女にとって快感を感じるひとときでした。

空いた時間で、人事のプロを目指すにはどうすればいいかを調べ始めたFさん。すると、マーケティング・サプライチェーン・経理・人事等、それぞれの専門領域でのプロ意識が求められ、転職マーケットも広がっている外資系企業に進むのがもっとも有利であることがわかりました。外資系の企業では英語のスキルが必須です。それからは毎日、英語の勉強を欠かさず続け、会社帰りに英会話スクールにも通うことにしました。

職場にうず巻く批判

職場では、周囲と歩調を合わせることなくわが道を行くFさんに、当然、批判の声があがりました。しかし、彼女は意に介しません。職場の管理者会議では、彼女のことがたびたび話題になりました。

「自分の仕事が終わったからといって、ひとりだけ早く帰ってしまうのはどうなんだ。遅くまで残ってがんばっている後輩たちに、悪い影響が出るのではないか」

「打合せの招集をかけても、自分が必須でないものには出ないと勝手なことを言う。しかも、会議の予定時間をきっちり守るように要求してくるので、やりにくくてしようがない」

直属の上司も、「自分の担当業務については私に報告や相談せず、どんどん進めてしまうので困ってるんだ。私の知らないところでいろいろな迷惑をかけているようで申し訳ない」と、ひら謝りでした。

Ｆさんはその後、人材紹介会社に登録し、狙いどおりに外資系企業への転職に成功して、米国企業の日本法人で、主に人材マネジメントに関する企画を担当することになりました。

新たに上司となった女性の人事部長であるＭさんは、Ｆさんが転職してきた直後の面談で話していたことが強く印象に残っていました。

「日本企業の人事部にいたときは、毎日みんなで集まって、何も決まらない意味のない打合せを繰り返したり、毎晩深夜までみんなで残業したり……。そんなムダな慣習に嫌気がさしていたんです」

外資系企業には、日本企業に比べてムダな残業や会議が少ないことは、確かに事実です。しかし、Ｆさんのプロ意識を強く求める姿勢は、ともすれば社内におけるチームワーク軽視につながる、とＭさんは少し懸念していました。

解説

日本の組織では、成果をあげるには社員が一丸となって協力し合うことが大切であり、そのために組織への忠誠心や帰属意識を求める傾向がまだまだ強いと言えます。

個としての「自立・自律」や、ある専門性を軸にしたプロとしての人材が求められると言われながら、その割合は決して大きくありません。

長期的な雇用を前提にする組織では、会社主導の人事異動を繰り返しながら、何でもこなせる

「多能工型社員」になることを求めているからかもしれません。

そのような中で、「和することありき」に反感を覚えるような社員は、次のような組織の常識に照らすと、集団行動のできない「はぐれ者」のレッテルを貼られかねません。

●組織の常識・上司の本音

○社員一人ひとりの自立よりも、チームワークのほうが大事である
○細かいことでも、上司に報告・連絡・相談を欠かすべきではない
○ある専門性でプロになるよりも、社内で重宝されるほうが昇格には有利

●Fさんのどこがまずいのか・このまま放置するとどうなるか

Fさんのようなタイプの人の特徴は、社内における評価よりも、自分自身が自立したプロとして外でどのくらい通用するかに、より関心があります。転職するしないにかかわらず、社内で達成した成果を職務経歴として整理する等、自分自身の市場価値を常に意識しています。

したがって、多くの日本企業で慣例になっている、ジェネラリスト養成のためにいくつもの部門や職種を幅広く経験させるような育成方法はご免だと感じています。将来、マネジメントをするポジションに就くにしても、まずはひとつの専門性を深めるために、知識やスキルを身につけ、さまざまな経験を積む中で、あくまでもその専門性を軸にしてマネジメントの力をつけることに

こだわりがあります（これは欧米の企業では当たり前の考え方なのですが）。

また、ビジネスに直結しない飲み会や社内行事等も、できれば避けたいと思っています。さらには、「みんなが残業している中で、ひとりだけ早く帰りにくい」「会議に自分が参加する明確な理由がわからないのに、呼ばれたらとりあえず出ておいたほうがいい」といった慣習を極端に嫌います。

Fさんは、前職の日本企業に勤務していたとき、周囲から浮いた存在になっていました。外資系企業で、部下としてFさんを迎えることになったMさんは、彼女がプロ意識というものをやや取り違えていないか懸念していました。

外資系企業は、日本企業と比較すると、確かに社員のプロとしての意識や知識・スキルを重視し、自立的な行動を奨励する傾向は強いのですが、一方でグローバルレベルでのチームワークをとても大事にしているからです。

②育成する——本社の方針に沿って自分の役割を考えさせる

米国流の経営スタイル

Fさんが転職した会社は、米国企業では一般的な、明確な戦略を強力なトップダウンで実行していく経営スタイルを取っており、日本法人にも同様のことが求められていました。

しかし、Fさんは人事職として自分なりの信念を持っていました。つまり、日本の社員たち、とくにミドル層や若手層は、自分の仕事や会社をこうしていきたいという思いや、それを実行する現場力が際立っていると認識しており、トップの出す戦略に従って、ミドル以下が手足となって動くようなトップダウン一辺倒のやり方が、必ずしも効果的であるとは考えていませんでした。

何よりも、社員の自発性や積極性を大事にすべきだと思っていたのです。社員がイキイキと働くことが組織の業績につながっていく、社内環境づくりを目指していました。

この会社には、全世界の各組織で毎年、全社員を対象に満足度を調査するしくみがありました。

「仕事に誇りを持って取り組めているか」

「マネジメントの方針は明確に社員に伝わっているか」

「上司は困難な仕事を進めるのに、きちんと援助してくれているか」

といった項目でできたものです。

日本法人では独自の方法を採用したい

ある年、その調査結果が国別に出た後、米国本社から各国の人事部に指示がありました。調査結果で評価の低かった項目については、指定したマニュアルに沿って各職場でその原因を調査し、改善のためのアクションプランを設定し、それを本社に報告しろというものでした。

Fさんはそのマニュアルが極めて形式的で、これを日本で指示どおりに展開してもうまくいかないだろうと判断しました。そこで本社の人事部に電話をかけました。

「このやり方では、社員の本音が出にくいし、表面的にそれに従ってアクションプランをつくってもあまり意味はないと思います。日本法人に合ったやり方でやらせてください」

しかし、「わが社は、国を越えて共通のマネジメントルールで運営しているグローバル企業です。各国の人事部では、どこもこのやり方に異議を唱えているところはありません。日本だけ特別扱いにするわけにはいきません」とまったく取り合ってくれません。

グローバル企業の中でできること

その電話をそばで聞いていた上司のMさんは、Fさんを呼びました。

「本社のやり方が、日本の風土に必ずしもフィットしないというあなたの持論は、私にも理解できます。しかし、『日本はやり方が違うのだから別の方法で』という論理は、彼らにはわがままと見なされて受け入れられないでしょう」

「でも私は、カタチだけの施策を忙しい社員にやってもらうのは申し訳ないと思います。『仕事の邪魔をする人事』と陰口を言われているとも聞きますし」

「人事の立場から、事業や社員の成長に貢献したいというあなたの思いは素晴らしいと思う。しかしグローバル企業として、多様な背景や価値観を持った社員をまとめるために、何とか統一したルールで運用したいという視点も考慮することは必要だと思わない？」

「それはわかっているつもりなんですが。いつも本社の言いなりになることがよいことなのか、という疑問がどうしてもあって、つい……」

「あなたも日本企業を離れて、グローバルな人材マネジメントを目指して入社したのよね。今回のことを視野を広げるチャンスと捉えて、何ができるかを考えてみたらどうかしら。たとえば、形式的にアクションプランの設定を指示するのではなく、あなたが全職場を回って社員の声を聞き、それを材料に本社と改めて折衝するとか」

解説

このタイプの部下は、自分の専門性を活用して成果をあげたいと考えますが、これは専門知識を使って、決められた仕事をこなすことに重点を置くスペシャリストとは一線を画します。つまり、結果として成果が出る方向に専門性が活かされていなければ、プロではないと考えているのです。

そこで上司としては、プロとしてより高い成果を目指したいと願う彼らの姿勢や行動をしっかり受け止めつつ、彼らが本当にプロと呼べるにふさわしい思考や行動をしているかを問い続け、的確にフィードバックしなければなりません。

理想論だけで突っ走るのはプロの行動ではありません。現実の制約や障害もしっかり考慮に入れた上で、理想と現実の折り合いをどのようにつけるべきか、また成果の効果的な出し方について部下を指導する必要があります。

●Eさんのような部下を育成するためのポイント

○プロとして、より高い成果を目指す自立的な姿勢や行動を尊重する
○専門性が、仕事で有効に使われているかどうかを適宜フィードバックする
○より高い成果につなげられるように多面的な見方を習得させる

●Mさんは、Fさんにどのように関わり始めたか

Fさんが自ら考えて、「本社からの指示どおりにやっても社員満足の本質的な向上にはつながらない」と判断したことを、Mさんは評価していました。

もし、これがスペシャリストとしての仕事であれば、人事職として本社から決められたタスクを間違いなくきちんと仕上げることが重視されます。

この会社はアメリカに本拠を置くグローバル企業であり、日本だけ違ったやり方で進めようとすることに、本社が難色を示すことをMさんはわかっていました。外資系企業での経験が豊富なMさんは、本社といたずらに対立すればするほど、実現したいことが遠のいてしまうとも考えていました。

そこでMさんは、Fさんのプロとしての姿勢を認めながら、同時に「グローバルな人材マネジメントとは何か」考えるように促しています。日本企業で人事をやっていたFさんが、転職によってステージを変えたところで、より視点を広げて考えることが、本当のプロへの道だと考えたか

らです。

ただし、まだグローバル企業での経験の浅いFさんに、全部自分で考えさせるのはちょっとハードルが高すぎると考えたMさんは、「自分で全職場を回って直接、社員の声を聴くのはどうか」というアイデアを提案しました。

③活用する——聴き役に徹することで多くの社員に受け入れられる

Mさんにアドバイスをもらって、Fさんは早速、営業やマーケティング等の部署を訪ねて、何人かのマネジャーや担当者に相談を持ちかけました。

そこでは、「このマニュアルでは現場の責任者が主導で、職場のメンバーにオープンな意見交換をさせた後に、課題解決のためのアクションプランを立てることになっているけど、そもそも日本の組織では、責任者に率直に意見を言える人なんてほとんどいないから、形骸化したやり方になってしまうに違いない」という声が主流でした。

「やはり本社の指示どおりにしたら、現場の役に立たないどころか、負担にしかならないことになってしまう。かなりハードな取組みになるけど、Mさんの言うように、私が自分で全職場を回ってみることにしよう」

とFさんは思い、改めてMさんに相談に行きました。

全体の社員の声を引き出す

「そうね、本社も最終的に同じフォームで各職場のアクションプランが設定できるなら、そのやり方も認めてくれると思うわ。

あなたは、ファシリテーションのスキルや経験を持っているので、自分で全部署を回って社員の意見を上手に引き出して、アクションプランを立てれば効果も上がるでしょう。たいへんそうだけど、トライしてみる価値はありそうね」

Fさんは、たいへんさを覚悟の上でやり抜こうと決意しました。

しかし、各部署での意見交換の場では、予想していたよりも辛辣な意見がFさんに浴びせかけられました。

「この手のことは過去にも何度もやらされて、いろいろ意見を出したが、何ひとつ反映されたことがない。やるだけムダだ」という意見もありました。

「マネジャーの選抜型研修など、トップタレントの育成には熱心だが、中堅層のやりがいやモチベーションにはぜんぜん配慮がない」という声も多く上がりました。

全部署を回って、このような意見を一身に引き受けるのはかなりハードでしたが、彼女はひたすら聴くことに徹しました。

「現場に役立つ人事」

Mさんも、各職場に行ってはボコボコにされて戻って来るFさんの報告を、十分な時間を割いて聞き、適宜アドバイスをしました。精神的なサポートも怠らなかったので、Fさんはまた新たな気持ちで次の部署に向かうことができました。

全部署を回った結果として、対策としてのアクションプランを各部署単位で無理に立てるよりも、日本支社として全体に共通する重点課題に絞り込み、対策を取っていく方向で、本社に認めてもらうことになりました。

そしてこの方針は、日本支社長からすぐに全社員にメッセージとしてわかりやすく出してもらうよう、Mさんが働きかけました。

意見交換では辛辣な言葉を投げかけた社員も、人事がここまで社員の意見を聴いてくれる場を持ってくれたのは初めての経験であり、会社をよくしたいと思っている一部の社員からは、その後しばしば相談が舞い込むようになりました。

Fさんは、社員に受け入れられたことに達成感を覚えました。「現場に役立つ人事」という軸を貫きたい一心でこの問題に取り組んでよかったと思いました。

解説

これをやればよりよい結果が出るとわかっていても、実行するのに困難が予測されると、つい

尻込みしてしまうのが普通です。

しかし、「プロとして高い成果をあげることが自分のミッション」と考える人は、火中にもまっしぐらに飛び込んでいくタフさを持っています。上司としては、そんな部下には、自らもプロとしての姿勢や知見を持って接し、仕事のゴールイメージや実現の仕方について共有することが求められます。

プロとしての姿勢を貫こうすれば、さまざまな問題にぶち当たり、落ち込んだりすることも少なくないでしょう。上司は、厳しい道を歩む部下をしっかり観察し、精神的なフォローも忘れてはなりません。

●Fさんのような人材を活用するためのポイント

○プロとして描く理想と現実のギャップを直視させる
○そのギャップを埋める実行可能な計画を立てさせる
○計画遂行における実務的、精神的なフォローを行なう

●Mさんは、Fさんをどのように活用しようとしたか

Mさんは、本社の指示に対して、日本の事情は違うとやみくもに主張しても事態を悪化させるだけだと考え、Fさんに実際の社員の声を聴きに回らせました。そこで集めた声を「日本支社の

総意」としてまとめ、本社を説得するのが効果的だと判断したからです。

Ｆさんは、人事のプロとして成果をあげることへの意識が強いがために、持論をゴリ押ししがちな特性を持っていましたが、現場の声を実際に聴き、事実ベースで本社と折衝すれば、格段に議論がしやすくなることを実感しました。**しっかり根拠を示す**ことで、本社も聴く耳を持ってくれたのです。

Ｍさんは、Ｆさんが全部署を自ら回ることにはかなりの困難を伴うだろうことを予想していました。しかし、プロとして成果をあげることに強いこだわりを持っているＦさんが、簡単に逃げ出すことはないだろうし、この苦労を経験することが彼女の成長につながると考え、**チャレンジさせる**ことにしたのです。

ただしＭさんは、そのまま放っておかず、各部署で社員からぶつけられた不満や要求を持ち帰って来るたびに、Ｆさんと向き合う場をつくることも決めていました。適度にガス抜きをして、**精神的な負荷を軽減する**ことが必要だと思っていたからです。

このような、Ｍさんの上司としてのきめ細やかな指導とフォローがあったからこそ、Ｆさんは困難な仕事をやり遂げることができたのです。

④評価する――不満・要望を一身に受け止めたことへの称賛

Ｍ「先日の社員満足度調査での展開は、あなたの現場に役立ちたいという思いと、人事のプロとしてのスキルを使った素晴らしい取組みだったわね。改めてそのふり返りをしましょうか」

Ｆ「ありがとうございます。でも、最初のところでＭさんに本社とのやりとりでのアドバイスをいただかなかったら、私は暴走してしまってたいへんなことになったかもしれません」

Ｍ「あなたの、現場の役に立ちたいという思いは本当に強いから、その分いろいろな軋轢を生むのよね。外資系企業で、本社の打ち出す方向性と、ローカル固有の状況を合致させていくのは結構たいへんなことなのよ」

自分の思い込みへの反省

Ｆ「私は正直、自分はいつも現場視点で考えることができて、人事としてイケてると思っていたのです。

でもその一面だけでは、とてもプロと言えないことを思い知らされました。本社の指示どおりにやることが日本ではプラスにならないことは、これまでの経験から直感的にわかっていたのですが、それだけで押しても本社に話が通らないのは当たり前ですよね」

Ｍ「そうね。あのときのあなたは思い詰めているような感じがしたわ」

Ｆ「恥ずかしいです。Ｍさんにアドバイスしていただいて社員の声を聴き、それを伝えることで、本社とのやりとりがガラッと変わったことに驚きました。何で、こんなことに気づかなかったのだろうって、後から反省しました」

目標達成へのモチベーション

M「日本人同士だと何となくわかり合えることでも、本社とのやりとりでは、しっかりとした根拠を示さなきゃだめなのよ。それがわかってもらえたならよかったわ。

それにしても、その後のあなたのがんばりはなかなかのものだったわね」

F「日本ならではのやり方というのは自分で言い出したことだし、せっかく本社にも認めてもらえたので、やり抜かないわけにはいかないと必死でした」

M「あんな形で人事がすべての部署を回って、社員の声を聴きに行ったことなんてこれまでなかったわけだから、みんな溜まっていたことを思い切り吐き出したって感じだったわね。それを一身に受けるのは本当にたいへんだったでしょう」

F「はっきり言って、死にそうでした。でも、Mさんに各部署での話を一つひとつ聴いていただけたのは救いでした。社員の声を聴くことに徹することで、きっとウチの会社がもっといい方向に向かうきっかけになると信じて続けることができました」

M「表面上では不満や要望が多かったけど、あなたの受け止め方では、自分たちはこうしたいと前向きに考えているのに、いろんな問題があって、なかなかそうできないことに対するもやもやの裏返しだということだったじゃない」

F「はい、みんなが真剣にぶつけてくれた言葉の裏には、期待も感じられたのです。その後に、これまで接点のなかった人たちから前向きな相談が来るようになったのは、その証拠だと思っています」

解説 **このタイプの部下は、自分の仕事の専門性を活かして成果に結びつけることに、もっとも喜びを感じます。**

会社や組織に属しているという意識はあまり高くなく、自分の仕事でどれだけ高い成果をあげられるか、ということに圧倒的な関心があるからです。上司としては、彼らのプロ意識を認めながらも、より高度で幅広い知見を持ったプロとして成長するための支援が求められます。

Ｆさんのようなタイプは、本社や上司から指示されたことをただ単にこなすことを嫌い、その仕事におけるプロとしての意識や知見から、**もっとも高い成果をあげるにはどうすればいいか**を自分の頭で考えようとします。

したがって、ときには「指示とは異なるやり方が必要である」と、プロとしての誇りをかけて主張する必然性も出てくるわけです。

このケースでもＦさんは、アメリカ本社の指示どおりやっても期待される効果は出ないことを見抜いて、日本独自のやり方で実施することを本社に主張しました。

しかしこれは、グローバル企業としての仕事の進め方からすると、やや強引であり、上司のＭ

さんは、「本社の立場や狙いを理解する」ことと、「日本で効果の出るやり方にする」ことを両立させるように、Fさんを指導しました。

ふり返りの対話の中でFさんは、日本人同士ではあいまいな論拠でも成立するようなコミュニケーションが、本社相手では通用せず、しっかりした**事実ベースで説得することが不可欠**であることを学んだと述べています。

この経験を通して、Fさんはグローバル企業の人事として、より高い成果をあげられる人材に一歩近づいたと言えます。

⑤動機づける――思いがけない指摘も有効

現状と課題の分析

M「あなたは、グローバルに通用する人事のプロを目指してこの会社に入ってきたわけだけど、何か仕事で気になることはあるかしら」

F「アメリカの企業は本当に合理性を重視しますよね。日本の会社はだらだらと残業することも多く、自分の仕事が終わっていても帰りにくい雰囲気がありました」

M「確かに、理にかなっているか、という視点はあらゆる瞬間に問われるわね。私もそれは、仕事の基本ルールとして重要なことだと思うわ。逆に足りないと思うことはあるかしら？」

F「これは、ずっと違和感を感じていたことなんですが、その組織のミッションとして定義さ

Fさんの成果ふり返りワークシート

1)背景 (Why)	社員満足度調査の結果にもとづいてアメリカ本社から指示のあった対策は極めて形式的であり、日本支社に適用しても有効ではないと考えた
2)狙い (What)	マニュアルに沿って単に形式的に対策を考えるのではなく、日本支社に合った、社員が納得できるやり方で実施するほうが効果が上がることを、社員から聞いた声で本社に理解してもらう
3)工夫 (How)	自分のファシリテーションのスキル・経験を活かして、全部署で、直接対話方式で満足度調査の結果をふり返ることにした
4)結果 (Result)	各部署で社員の本音を、ネガティブなフィードバックを含めて聞くことができた。その結果を受けて、日本支社として共通の重点課題を設定し、支社全体で取り組む体制をつくることができた(アメリカ本社の承認を含め)

れた役割をはたすことに徹するあまり、組織と組織の境界にあるような仕事がこぼれがちになりますね」

M「もっと柔軟に全体のことを考えて連携して動くことが必要だということよね。そのために私たちにできることはあるかしら？」

F「私は、人事部がもっと現場のほうに出て行って、これからの人事により必要だと言われているチェンジエージェント(※)的機能を担うべきだと思います。

この前の社員満足度調査後の展開もそのひとつの例だと思いますが、各組織が抱えている問題を人事が共有することで、組織が連携して解決できる可能性を、広い視点から助言できるのではないでしょうか」

M「それは、人と組織に関する社内コンサルティングを、事業部に対して提供するという感じかしら。人事に必要な機能と言われていても、なかなかできていない領域よね」

F「そうなんです。採用や教育といった、社員の誰もが知っている仕事ももちろん大事ですが、それだけでは、人事の存在意義は高まらないのではないでしょうか」

信頼を獲得するための条件

M「これからそんなチャレンジをしていくのに、あなたはどんな力をつけることが求められると思う？」

F「うーん、むずかしいですね。たとえば、事業部長たちと密度の高い関係をつくってフットワークよく動くとか……」

M「大事なことが抜けていない？　人や組織のことだけでなく、各事業部の事業そのものをもっと理解しないと、相手も信頼してくれないでしょう。少なくとも、基本的な各事業部の現状や課題を、私たちはもっと勉強する必要があると思うわ」

F「それを言われると痛いですね。私は、人事としては幅広く業務を経験してきたと思いますが、まだまだ事業そのものへの理解や知識は浅いと思います。自分の会社の事業を理解することなくして、人事のプロとは言えないということですね。ありがとうございます。また課題がクリアになりました」

※チェンジエージェント＝組織をよりよい方向へ変革する「推進者」のこと。事業の当事者が、その事業にどっぷりと浸かりすぎているために見えなくなっていることに気づき、当事者とは異なる立場から変革を支援・促進していく。

解説

このタイプの部下は、自分の仕事に誇りを持ち、プロとして高いレベルに成長していきたいと考えています。

その一方で組織そのものへの帰属意識は高くないため、現在の仕事に自分を高める要素が少ないと感じた場合は、外部により大きな可能性を求めて出て行くことがあります。

上司としては、部下の仕事を限定してしまうことなく、その仕事に関連する領域も含めて、より高度な目標を与え続けることが重要です。

高い目標を次々にクリアさせることは当然、組織の業績を高めることに直結するため、上司としても腕の見せどころです。

Mさんはプロ意識の高いFさんとの対話において、人事として**解決すべき新たなテーマを自ら発見し、設定する**ように仕向けていることがわかります。

Fさんは、アメリカの企業がすべての面において合理性を重視することのメリットを認めながらも、組織と組織の境界にあるような仕事に対する視点が欠けていることを指摘しました。

通常、人事であれば採用・研修や異動・昇格等のベーシックな業務に関する問題意識が多く出

Mさんが書いた、Fさんの動機づけワークシート

1）部下のもやもや感（Why）	外資系企業は、各組織の役割や機能をはたすことに徹するあまり、組織と組織の境界にあるような仕事がこぼれがちであること
2）部下の思い（What-1）	組織間の連携を促進していくために、事業部ともっと接点を持ち、彼らの抱えている課題に人・組織の観点でできる支援をしていきたい
3）上司の思い（What-2）	事業部に貢献するには、人・組織の専門家であるだけでは不十分で、基本的な各事業部の現状や課題をもっと勉強する必要がある
4）互いの接点（How）	会社の事業そのものに対して理解を深めていくことを重点課題として取り組んでいく

てくるところですが、人事のプロとして、「これから、何がより求められるか」にアンテナを立てているＦさんは、組織間連携の問題意識から、人事の「チェンジエージェント」機能を高めることに触れました。

しかし、ここでＭさんは、Ｆさんにとって思いがけない指摘をしました。

人事のプロとして会社に貢献するためには、人・組織の専門家としての知見だけでなく、**「事業そのものをもっと知ることなしに本当の貢献はできない」**とズバリ指摘したのです。

Ｆさんにとっては、このような高いハードルも自らのプロレベルを上げるために、すすんでチャレンジしたい対象になっています。

プロは、プロにしか育てられないと言われますが、Ｍさんはまさにそれを実践していると言えるでしょう。

8章

〈ケース7〉
継続よりひたすら変革しようとする部下

A面の見かけ ⟷ **B面のココロ**

過去のやり方を軽視する

- これまでのやり方を軽視する
- 変えることによる悪影響を考慮しない
- 地道な改善努力を評価しない

しがらみを断ち、変革を実行する

- 先の見えない状況をチャンスと捉える
- 既存のしがらみを大胆に捨てられる
- 不屈のチャレンジを続ける

先輩や上司をものともしない食品メーカーの変革屋Gさん

①認識する——先輩や幹部にも声高に主張

食品メーカーの本社で、全国の工場における製品の需給状況をコントロールする業務を担当しているGさん。数千におよぶアイテムを、ひとつも欠品することなくスムーズにお客様に供給することに使命感を持ち、営業の販売予測を追いかけつつ、一方で工場の在庫や生産計画を睨み、その橋渡しを精力的にこなしていました。

「改善意識が低すぎる！」

しかし、どれだけGさんが一所懸命になっても、営業の販売予測は大きくぶれるし、工場は柔軟な生産対応ができないのが実態です。彼は、そんな結果を目にするたびにいつもイライラしていました。

そうしたことをなくすため、営業や生産部門は、長年の経験や試行錯誤をもとに少しずつ業務プロセスを改善してはいました。しかし、Gさんの目から見れば、しょせん〝焼け石に水〟の状態。市場やお客様のニーズに的確に対応するには、ほど遠いレベルだったのです。

不注意からミスが発生すると、彼は先輩や格上の社員でも厳しく叱責しました。

「G、お前はどうしてそう融通がきかないんだよ。人間なんだからミスを起こすのはしようがないじゃないか。やりづらい条件の中で、こっちも精一杯やっているんだよ！」

「いえ、それは甘えです。工場のやり方に問題があるのなら、早速、検討しましょう。うかうかしていると他社にお客様を取られて、倒産してしまいますよ」

「そんなこと俺に言ったって知らないよ。そんな権限はないしな。本社で決めてもらわないとさ」

こうしたやりとりを繰り返し、現場の改善意識の低さに辟易していたGさん。「どうしてみんな言い訳や文句ばかりを口にして、自分で状況を改善しようとは思わないんだろう」と怒りにも似た疑問で頭がいっぱいになります。

挑発的な発言の結果……

ある日、生産管理部の会議で、Gさんはこう切り出しました。

「現在のシステムは問題だらけです。これでは、多様化するお客様のニーズに的確に対応するなんて到底無理です。

とくに、主力工場であるZに事故が多いんです。アイテム数が多いとはいえ、トラブルや欠品が毎日のように出ている状況は異常ですよ。早急に抜本的な変革が必要だと思います」

この発言に、ある幹部が反論しました。

「Z工場は、増産に増産を重ねた時代にも何のテコ入れもなしに、何とか持ちこたえてきた。今は、かつてほどの需要の伸びではないのだから、余計な投資などは必要ないはずだ。何とか、だましだましやっていくのが得策だろう。工場の人たちにがんばってもらおうじゃないか」

「何を言ってるんですか。すでに、Z工場はキャパオーバーなんですよ。これ以上の負荷をかけたら死人が出ます。今動かなかったら、会社のブランドがズタスタに傷つくことになります。それでもいいんですか」

幹部は、Gさんのやや大げさで挑発的な物言いが気に入りませんでした。そして、後日Gさんは、本社からZ工場に異動が言い渡されることになったのです。

解説

大きな変革のためには、これまでうまくいっていたことも含めて、「捨てる」決断が必要になるものです。当然そこには、痛みが伴います。しかし、痛みが伴うことがわかっていると、知らずしらずのうちに行動にブレーキをかけてしまうのが人間です。

そこには以下のような論理が働いています。

●組織の常識・上司の本音

○いま現在、まったくダメなわけではないのだから、変えなくてもいいのではないか
○大きく変えるとなると、各方面に影響が出て調整や計画が面倒だ
○変えたとしても、必ずしもいい結果が出るとかぎらないなら慎重になるべきだ

このような本音は、「変えなくては」というかけ声とは裏腹に、組織の中に蔓延しています。そして結局は、変革が立ち消えになる、という結末も珍しくはありません。

そのような中で、リスクを怖れず、これまでのやり方を真っ向から否定して新しいものをつくろうとする社員は、組織の常識に照らすと間違いなく「危険分子的存在」です。

●Gさんのどこがまずいのか・このまま放置するとどうなるか

Gさんのようなタイプは、変えることによる影響を、リスクとしてよりも新たな成果を生むためのチャンスと捉えるため、周囲の考え方との間に大きな差が出てきてしまいます。

彼らの特徴は、自分に厳しいのと同じくらい他人にも厳しいことです。自分に甘く他人に厳しい人は論外ですが、自分にも他人にもつい甘くなりがちなのが人間というものです。しかし、そのような妥協を許さない彼らは、情け容赦なく他人を正論でやっつけてしまいがちです。

「どうしてそこまで言うのか」と思われることが多いのですが、彼らにとっては逆に変化に抵

抗する人たちの気持ちや考え方が理解できないのです。

対立するような状態が長く続くと、「あいつとは顔も合わせたくない」としだいに敬遠される存在になっていきます。本人の正論の前では太刀打ちできないので、陰で「そんなこと言ったって……」と批判されるようになります。

このケースでGさんは、主力のZ工場を、「問題が多く、顧客ニーズを満たすレベルにない」とばっさり斬り捨てました。こうした人は、とかく関係者の努力を軽視するような言動をしがちで、それが周囲に悪印象を抱かせます。

問題を指摘される側の人間からしてみれば、必死に努力して目の前の状況を改善しようとしているのに、そこに敬意も払わずに、「問題が多いから変えるべきだ」と頭ごなしに言われれば、腹も立つでしょう。

しかも、努力の限界を超えたところで出たミスを遠慮なく叱責されるのですから、たまったものではありません。

実はGさんも、工場側の努力を知らないわけではありません。しかし、個人レベルの努力や小さな改善をしても、結果として顧客のニーズに応えられなければ意味がない、とクールに考えるのがこのタイプの特徴でもあります。

そのためには、みんなが慣れ親しんだやり方を大胆に捨て、ある程度の痛みを伴ってもそれはやむを得ないだろうと考えています。

②育成する――当事者の努力を理解させる

Z工場に異動してきたGさんは、「本社から飛ばされたのは悔しいが、工場に変革のメスを入れるいいチャンスだ。絶対に工場を変えてやる！」と燃えていました。

工場は、製造設備がかなり老朽化していながら、大きな設備投資もできない状況にありました。一方で、多様化する顧客ニーズに対応するため、従来よりも小ロットで生産して、タイムリーに需要を満たすことが求められています。

結局、工場では現場と管理部門の双方が、過酷な労働環境の中で人手によって何とか対応せざるを得ず、全員が疲弊しきっていました。そのため、目の回るような忙しさが原因で、人為的ミスによる製造トラブルや供給不全が頻繁に起きていたのです。

至るところに問題あり！

本社にいたとき、このような工場の惨状がなぜ続くのかずっと疑問に思っていたGさんは、赴任した直後から精力的に工場内のあちこちを歩き回りました。旺盛な問題意識を持つ彼は、他の人たちが気にもとめないような問題が、ついつい気になって仕方がありません。

「長年染みついた従来のやり方を、世の中が変わっているのにひたすら続けるなんて、現場の人たちは馬鹿なんじゃないか。それに事務所のほうだって計画、製造、品質管理の各機能がばらばらに動いているなんて、どう考えても効率が悪すぎる。本社からの生産予定が、工場に届くタイミングも遅すぎるよな。これじゃあ準備に時間がかけられないまま、綱渡りの操業にならざるを得ないのもしょうがない」

など、次々に問題をリストアップしていきます。

血気盛んなGさんは、問題が見えるたびにそれを口に出して担当者に詰め寄ったので、何度も担当者と一触即発状態になりました。Gさんの指摘自体は的を射ているのですが、正論を上から目線で強く言われると、言われたほうはつい頭にきてしまいます。

「なぜ、新参者からそんな余計なことを言われなきゃいけないんだ」「絶対、こいつにだけは協力してやるものか」と思った人も多くいました。

余計な敵はつくるな

見かねたN工場長は、頃合いを見てGさんに話しかけました。

「そんなに、最初から飛ばして大丈夫かね」

「はい、そのためにここに来たようなものですから。この工場は問題点の宝庫です。そこに手をつけようとせずに、効率の悪いやり方を続けるなんて、頭悪すぎますよ。私が変革を起こすしかありません」

「一番の問題は何だと思う？」

「工場の使命はシンプルに、安定的かつ柔軟に製品を供給することと、トータルのオペレーションコストを最小化することに尽きます。その原則を、みんなまったく意識できてない。だから、まるでとんちんかんな努力をするような人が出てきちゃうんです」

「うん、それは私も同感だ。しかし、それぞれの担当者は精一杯考えて自分の仕事をいいものにしようとしているんだ。君の指摘は鋭いが、当事者の努力を馬鹿にするような言い方は感心しないな。それでは、余計な敵をつくってしまうぞ。とにかく途中で息切れしないよう私と二人三脚でやり抜いてくれ」

解説

自分の見立てや強い思いをベースに猛進する部下は、その方向性が正しいとしても、むやみに敵をつくってしまいます。それが自らの首を絞めることをわかっていないだけでなく、自分のどういった姿勢が、彼らの反感を買うのか理解できないのです。組織の中には、従来からのやり方を守りつつ、少しでも改善しようと地道に努力している社員も多くいるはずです。

このタイプの部下には、改善努力を続けている人の価値をちゃんと理解させ、敬意を払わせることが必要です。その上で、彼らがすぐにでも進めたい変革への方向性や意味、実行されたときにどのような姿になっているのが理想か、といったことをていねいに引き出し、共有します。

それから、彼らの不用意な言動が変革に当たって抵抗勢力を増やし、本来必要のないエネルギー

を使わざるを得なくなることにも留意させなければなりません。

Gさんのような部下を育成するためのポイント

○従来のやり方のメリットや従事している人の気持ちを考えさせる

○変革の方向性や意味、ゴールについて十分に共有する

○変革する前からムダに抵抗勢力をつくらないように留意させる

Nさんは、Gさんにどのように関わり始めたか

Gさんは Z工場に異動した後も、本社のときと同じスタイルで現場の人たちに接して衝突しています。

変革で実現したい理想像が彼には明確に見えており、それと現実とのギャップがあまりにも大きいため、ついついそれを指摘してしまうのです。しくみさえ変えればもっと効率がよくなることがわかっている彼は、非効率な方法を変えようとしない人間が愚かに見えて仕方がないのでしょう。

このタイプの部下は、「しくみさえ強引に変えれば、人はそのうち慣れる」と安易に考えがちです。彼らは、現場の戸惑いや抵抗など気にも留めません。

Nさんは、Gさんをマネジメントするに当たり、まず彼が、工場の位置づけや問題点を正しく

把握していることを確認しました。それならば、とGさんと一緒に工場の変革をしていくことを決意したNさんですが、それを進めるためにも、むやみに敵をつくらないように釘を刺すことも忘れませんでした。

　このタイプの部下は、変革に向けて一途に走りたがる傾向があり、その性急さがかえって変革を遅らせることになるかもしれないことを理解していません。上司には部下の強みを認識して、組織として効果的な変革ができるように後押しすることが求められます。

③活用する――仲間と協調させ、変革のシナリオを随時確認する

　Gさんは、N工場長のアドバイスに納得して、問題に気づいてもその場でいちいち指摘することはやめて、工場内で見えた問題点を洗い出して整理することにしました。

　冷静になって考えてみると、手つかずのまま散在している問題点は、個々に対策を打ってもあまり意味がないことに気がつきました。

若手中心のプロジェクトチーム

　現場と事務所、事務所の中でも計画、製造、品質管理の機能を一体にしたシステムとして捉えて、手を打っていく必要があったのです。また、工場をコントロールする立場にある本社との関係や仕事の仕方も抜本的に見直さなければなりません。

N工場長は、Gさんをチームリーダーに据え、事務所内の若手担当者を中心にしたプロジェクトチームを立ち上げました。チームのメンバーの多くが、「Gがリーダーなら、俺はやらない」と激しく抵抗しましたが、Nさんは、「やりにくいことがあればいつでも言ってくれ。そしたら、必ず私が問題解決に当たるから」と約束して、納得させました。

早速チーム内で議論が始まりました。しかし、改善点をあげようとすると、たちまち「もっと○○してほしい」「○○がイヤだ」という愚痴大会になります。

ここで初めてGさんは、みんなが自分と同じように、長期的な視野に立って改善を考えているわけではないことを知ったのです。そして、そんな議論にイライラするばかりでは先に進まないため、リーダーという役割を改めて自覚し、「では、どうすればやりやすくなるか」という方向を探っていくことに努めました。

その結果、どんなに各機能を効率化しても、生産管理の基幹情報システムを刷新しなければ、多品種小ロット生産への対応は不可能である、という結論に至りました。また同時に、需要予測がむずかしいことはわかるが、本社からの生産予定の指示があまりに直前だと、製造トラブルのリスクを増大するという認識で一致しました。

上司と担当者の連携

工場長とチームメンバーの協力を得て、本社と果敢に折衝を始めたGさんですが、本社の担当者はなかなか変革に本腰を入れようとはしません。

「システム刷新の予算など確保できないし、営業と調整して、生産予定を早く出すのもむずかしい。これまでもやってこれたんだから、何とかしばらくやれるだろう?」

「これから、ますます顧客ニーズが多様化すると、工場の運営は破綻することが目に見えています。Z工場は当社の主力工場であり、今、戦略的に手を打って柔軟かつ迅速な供給責任をはたせる体制を絶対に確保すべきです」

N工場長が、何度も本社の役員にかけ合ってくれたことも手伝って、こうしたやりとりの末、ついに懸案だった情報システム刷新のための投資と、本社から生産計画を早期にもらうことが受諾されました。

この後も工場変革の取組みが着々と実行に移され、結果として頻繁な生産計画変更にも柔軟に対応できる体制が整備され、さらに過去最高の生産量と利益を確保することができました。

解説

組織における変革は、一緒に取り組むパートナーがいて初めて成立します。しかし、どんなにていねいに変革のシナリオをつくったとしても、シナリオどおりにことが進むことは少ないため、随時見直しが必要になります。ただし、変革を主導するような部下に手取り足取り計画見直しの指導をする必要はないし、そうすればむしろ嫌がられるでしょう。

上司としては、進みつつある変革の流れに変化はないかどうかを確認し、もしブレがあれば、修正をかけていくことが必要です。また、部下が変革を進めていく上で仲間になる人たちとのネットワーク形成も促進していきます。

部下の権限だけでは決められない組織間のやりとり等については、部下の相談を受けながら、タイムリーかつ大胆に意思決定していくことも求められます。

Gさんのような人材を活用するためのポイント

○変革する対象を、場当たり的ではなく全体的に把握させる
○変革に抵抗する人と向き合わざるを得ない環境を与える
○上司の権限が必要なところでは積極的に行使し支援する

Nさんは、Gさんをどのように活用しようとしたか

ＮさんはＧさんに、現場で目についた問題点をいちいち指摘するよりも、工場全体の構造的な問題を把握するように指示しました。その結果、Ｇさんも個々に対策を立てても根本的な問題の解決にはならないことを認識するに至ったのです。

またＮさんは、あえてＧさんをリーダーに据えて、各組織の若手をメンバーにしたプロジェクトを立ち上げさせました。メンバーの抵抗が大きいだろうことをある程度見越した上で、Ｇさん

がリーダーとして、その壁を乗り越えていくことを期待したのです。

Gさんのような部下は、変革していく「コト」については明晰な分析ができますが、一緒に変革していく**「ヒト」の気持ちや考え方を想像することが苦手**です。そのような力は、説明して身につくものではありません。そのためには、変革に前向きでないメンバーと一緒になり、なかなか前に進まないことを身をもって体験させるのが一番です。そうやって、「ヒト」に対する感性を磨かせるのです。

ただし、放っておけば対立の構図となるリスクが大いにあるため、上司としては注意深く見守り、**必要に応じて介入していく**ことが求められます。

一方、「コト」に関するところでも、部下の権限や影響力だけでは進まない部分については、積極的に支援する必要があります。このケースでは、設備投資や本社と工場間の業務プロセスの見直しが必要という工場サイドの提言になったため、Nさんが工場長として強力に後ろ盾になることで、前に進みました。

結果として、Z工場の提言は実行されることになり、大きな成果につながっていくことになります。まさに、NさんとGさんの二人三脚で工場の変革は実現することになったのです。

④評価する――敵をつくらずに変革を成し遂げたことを認める

N「きみが本社から赴任してきたときは、工場の人間に頭からダメ出しをするので、この先どうなるんだろうかと思ったくらいだが、きみのおかげで生産拠点として見違えるように復活することができたよ」

G「最初は、ちょっと肩に力が入りすぎてしまい、すみませんでした。私も工場長がいらっしゃらなければ、孤立して何も成し遂げられなかっただろうと思います」

N「私との二人三脚を見事に走り抜けてくれたことに感謝している」

G「こちらこそありがとうございました。チームリーダーを任せていただいたおかげで、メンバーの考え方も知ることができたし、意見の伝え方とか学ぶことも本当に多かったです」

N「そうか。きみの先を見通す力、そしてそこから逆算して現状の問題点を発見する力にはいつも感心しているが、いつもどんなことを考えているんだね？」

G「私は、迷ったらいつも原点に戻ることにしているんです。工場の本質的な使命は何か。『安定的かつ柔軟な製品の供給と、オペレーションコストの最小化』というシンプルな原則に照らすだけで、現状のさまざまな問題が見えてきました」

N「複雑に考えすぎないということなのかな」

全体に目を向け、周囲の人を認める

G「そうですね、目の前で起きている現象が複雑であるほど、その細部に目が行ってしまい、正しい理解を阻害するように思います。システムとしてなるべく全体を見ることの必要性を改め

て実感しました。私も工場長にたしなめられるまでは、現場の一つひとつが気になって、そのたびに文句をつけてしまっていました」

N「そうだな、あんなふうにあせって安易に敵をつくるのは得策ではなかったな」

G「あれで目が覚めました。現場の方々の苦労や努力を認めることなく、いきなり問題点を指摘したって、誰も動いてくれないのは冷静に考えればわかることでした」

N「今回の工場変革でもっとも重要なのは、小手先で対応しようとしていた状況を、トータルで正しく把握した上で、しくみとして明らかに限界に達していると言い切れたことだろう。これによって、本社まで含めた生産プロセスを抜本的に再編することができたし、情報システムも刷新することができた」

G「そうですね、工場長の強力な後ろ盾をいただいたことで、将来まで見据えた戦略的な視点での変革案を本社に提言することができて満足しています。結果として、成功に導くことができましたから」

解説

このタイプの部下は、変革を成し遂げる実行力を評価されることにもっとも喜びを感じます。変革することが必要であると何となくわかっていても、多くの人が手をこまねいている中で、彼らは自ら手を挙げて果敢に難題に斬り込んでいきたいといつも思っています。

Gさんの成果ふり返りワークシート

1）背景 （Why）	**老朽化した設備ではニーズに対応しきれず、人手によって何とかこなそうとし、人為的なミスが頻発していた。工場としての供給責任を果たせずにいた**
2）狙い （What）	**工場の使命である安定的かつ柔軟な製品供給と、トータルオペレーションコストの最小化という原点に立ち返り、将来まで見通した問題提起をし、工場変革を成し遂げる**
3）工夫 （How）	**プロジェクトメンバー１人ひとりの立場や考え方を理解するように努め、細かな原因分析よりも、どうすれば自らやりたくなるかを対話する場を多く設けた**
4）結果 （Result）	**プロジェクトチームの活動で、生産管理情報システムの刷新と、本社に関わる業務プロセスの変更を提言。頻繁な生産計画の変更にも柔軟に対応できる体制が整備され、工場史上最高の生産量と利益を確保できた**

しかし、変革に前向きになれない人の気持ちや考え方への感度が高くない彼らには、そのような人とも接点を持たせるような修羅場を与え、それを乗り越えるよう見守り、支援していくことも必要です。

Gさんのようなタイプは、変革するときに抵抗勢力をなるべくつくらず、自分の描いた姿に向けて効果的に近づくための上手な進め方について理解すれば、着々と変革を成し遂げていくことができます。

上司のNさんは、Gさんに現場でいちいち問題点を指摘して、そこで関係性を悪化させるという悪循環を断ち切らせました。さらに変革を進める仲間として、組織横断のプロジェクトチームを立ち上げて、Gさんにそのリーダーを任せました。

このような環境整備をしながら、**上司ならでは**

の権限が必要なところでは適宜フォローしたことにより、見事に工場変革を成し遂げることに成功したと言えるでしょう。

⑤動機づける——より大きな舞台を用意する

全社の機能を再構築する

N「この工場の変革はかなり進んだと思っているが、きみの目から見て、これから必要とされることは何だと思う？」

G「おっしゃるとおり、工場は単体としては非常に機能するようになったと思います。こちらからすると、本社が保守的に見えて仕方ありません」

N「やはり、そこにくるか。変革し続けないと、きみはきっと死んでしまうのだろうな（笑）」

G「これからは一拠点だけでなく、全社としての生産体制について、この工場で成し遂げたように根本に立ち返って、あるべき姿を再構築していくべきではないでしょうか」

N「全社規模でとなれば、一工場とは比較にならないほどの労力がかかるだろう」

G「そう思います。ただこの工場だって、長年手つかずのままでしたが、みんなのがんばりでここまで変わることができました。全社でもやれないことはないと思いますし、この流れを逃す手はないでしょう」

N「何か手を考えてあるのか？」

G「工場の場合は、同じ職場で意思疎通を図って一気に動くことができました。しかし、本社を含めた全社となると、物理的な問題がありますから、まだ案はないんですが……」

全国を結ぶコアネットワークをつくる

N「本社の生産管理部長のOさんは、私の同期なんだが、おそらく方向性を共有できると思う。Oさんに、全社の生産体制変革の旗振りをしてもらうのはどうだろう」

G「Oさんなら、私も本社でお世話になりました。確かに頼れそうですよね。もし賛同してもらえるのなら、ありがたいです。

あとは全国の各工場の中に変革のコアになる人を見つけ出し、各拠点のコアネットワークをつくるのはどうでしょう。

各工場長のコミットは必須ですが、より重要なのは工場長の下で実質的に変革を先導できるミドル社員です。これは、何となく人の当たりがつきます」

N「それと、これだけ大掛かりな動きをするには、全社的な視点で各工場の現状を把握し、それぞれのコアメンバーを束ねる機能が本社に必要だろう。

私は、きみがその役割に最適だと思う。きみのような人材を、工場でずっと囲っておくわけにもいかない。定期異動とのからみもあるので時期は特定できないが、きみが本社に異動することを前提に話を進めることにするよ」

Nさんが書いた、Gさんの動機づけワークシート

1）部下のもやもや感（Why）	**工場が、単体として非常にうまく機能するようになった分、本社が保守的に見えてしまう**
2）部下の思い（What-1）	**この工場で成し遂げたように、全社としての生産体制について、根本に立ち返ってあるべき姿を再構築していきたい。そのために、全国の各工場で変革を主導できるコアメンバーを見出し、そのネットワークをつくりたい**
3）上司の思い（What-2）	**それだけ大掛かりな動きをするには、本社にそれを束ねる人間が必要で、その役割を担うのはGさんが最適である。本社への異動を検討することにしたい**
4）互いの接点（How）	**基本的に合意。人事異動の話はこの場の話に留め、いつでも異動できる状態をつくるために引継ぎの準備を進める**

G「本当にありがとうございます。この工場変革をモデルにした全社展開に貢献できるようがんばります」

N「きみの後任人事を本社と詰めることにするから、当面、人事の話はこの場に留めていてくれ。きみはいつでも異動できるように、今の仕事をしっかりと引き継げる準備を進めてほしい」

解説

このタイプの部下は、泳ぎ続けなければ死んでしまう魚と同様、変革し続けないと自分の存在意義を失ってしまいます。彼らにとっては目の前の障害や制約が大きければ大きいほど、変える価値のある対象に見えてくるのです。

**　したがって、上司としては他の社員にとっては逃げたくなるようなテーマを与え続け、しかも孤立せずに変革の仲間をつくって動くように支援す**

ることが必要です。自分の管轄下にそのような仕事が少なくなった場合、あるいはより大きな変革をし得る力がついたと判断した場合は、惜しみなく他組織に異動させる等で、キャリア支援していくことが求められます。

Ｇさんは Ｚ工場における変革をテコにして、全社の生産体制にまでその動きを広めることを志向しています。

上司のＮさんとしては、二人三脚で変革してきた同志を手放すのはしのびないはずですが、Ｇさんを、**組織として活かす**ことを考えた場合、本社に異動させることがベターと判断しました。

Ｇさんのような人材は、組織の中にそんなにはいないので、上司として**全体最適の視点で希有な人材を活かす**ことを考えた末の決断と言えるでしょう。

変革意欲に燃えながら、当初は荒削りでロスも多かったＧさんのような部下を、立派な変革人材に育てたＮさんは、上司としても自らのマネジメント力を高める非常に貴重な経験をしたとも言えます。

とんがった使いづらい部下を持つのは、実は上司にとってもレベルアップを図るのに絶好のチャンスなのです。

9章

使いづらい部下を使いこなそう！

1　使いづらい部下の持つチカラ

7つのケースで見てきたとおり、「使いづらい部下」は上司の育成・活用の仕方しだいで、**組織に欠かせない貴重な人材に変身させることが可能**です。

上司の関わりによって、彼らはそれぞれに独自のとんがった強みを見出すことに成功していますが、全員に共通して見られる特長を、ここでまとめてみたいと思います。

まずひとつ目は、**仕事や組織のリアリティを、周囲の人たちとは違った視点で見る**ことができるということです。日頃から慣れ親しんでいることを、新たな観点から見直すのはとてもむずかしいことですが、彼らは普通の人が見逃してしまっていることを見ることに優れています。

お客様や市場・社会、あるいは技術の動向はどうなっているのか、競合他社は何をしているのか、それに対して自社は、他社よりも優れた価値提供ができる状況にあるのだろうか、といったことに彼らはアンテナを張り巡らせています。

つまり、「今どこにいるのか」をしっかり把握することができるのです。そして、言いにくいこともタブー視せず、現状に対してのもやもや違和感を表に出すことを厭いません。

たとえばケース1で、アパレル業界の販売職をしているAさんは、当初の店舗運営について、販売スタッフの専門知識の不十分さのために、お客様に適した服が提供できていないという問題意識を持っており、このことがその店舗の売り方変革につながりました。

二つ目は、自分の仕事や組織が、**お客様や市場・社会に対してどのような価値提供をして、貢献するつもりなのか**をいつも考えていることです。つまり、「誰に何を提供するのか」という問いに対して、「どうなりたいか」を自分の頭で考え、自分の言葉でそれを明確に表現できます。

顧客志向とか顧客満足といった言葉が日常的に使われていますが、「本当に選ばれたいお客様は誰か」「そのお客様が感じる価値は何か」といったシンプルな問いかけに、本質的なところではなかなか答えられないことが実は多いのです。

そもそもお客様と言っても、現在、取引のあるお客様なのか、今はまだ見えていない明日のお客様なのか。あるいは、直接買っていただいているお客様なのか、そのお客様のお客様なのかといったことを、普段意識することは少ないのが一般的です。

たとえばケース５で、医療機器メーカーの営業職をしているＥさんは、本社異動後の顧客インタビューでドクターから得た声をもとに営業の行動規範を設定し、考え方の違うトップ層の説得に当たり、結果として、患者視点に立った営業へ組織として転換するきっかけをつくりました。

三つ目は、「どうなりたいか」をカタチにするために、**どんな強みを重点的に発揮すればいいか特定できる**ことです。ビジネスの厳しい競争世界においては、ありきたりの強みで勝ち抜くことはできません。自分自身、あるいは自分の組織の、他にはない確固たるスキルや技術を見出し、それを磨き込むことに彼らは長けているのです。

多くの場合、強みを軸に勝負することが重要であるのは頭ではわかっていても、日常業務の忙しさにかまけて、本当の強みを突き詰めて考え、実践していくことは諦めてしまいがちです。しかし彼らは、妥協することなく、あくまで追求することができます。

たとえばケース3で、塗料メーカーで研究職をしているEさんは、塗りやすさと見栄えを高いレベルで両立させることはそもそも無理だという業界の常識を疑い、新たな視点から独自の開発提案を行ない、お客様の評価を得ることに成功しました。

2 使いづらい部下の活用が組織の成果を分ける

彼らに共通して見られる特長は、日本企業が直面している**閉塞感を打ち破るために必要とされている要件**なのです。

ある大手企業の部長がこんなことを言っていました。

「今日や明日、会社がつぶれることはないでしょう。でも、このまま何も手を打たなければ、二、三年後にはかなりのダメージを受けることになるはずです。何か新しい事業の基軸を打ち出していかなくては……。敵が誰かもよくわからないくらい環境が変化している中で、ただあがくばかりです」

経済が安定して成長している時代には、計画された経営が有効に機能しました。しかし、市場や社会の環境変化の幅やスピードが、一企業の予測をはるかに超える時代になっています。このような状況下で多くの企業は、「今日の業績」を確保するために、顧客の目の前のニーズに対応することに躍起になっていますが、それではいずれ燃え尽きてしまいかねません。

今、「明日の準備」をすることなしに、この閉塞感や言いしれぬ不安感を打ち破ることはできません。そのためには既成概念にとらわれず、組織に根づいた思い込みをはずし、柔軟な発想で考え、大胆に行動することができる、彼らの力がどうしても必要なのです。

3　使いづらい部下は組織にどのくらい存在するか

では、組織の中に彼らはどの程度の割合でいるものでしょうか。上司や組織が押しとどめようとしても、単独で自分の思いを成し遂げてしまうような正真正銘のレベルだと、その割合はかなり限られます。私の経験からすると、一%くらいしか存在しません。

しかし、私がみなさんに発掘していただきたいのは、もう少し広く捉えて、**せっかくとんがった能力を持っているのに、使いづらい要素ばかりが目立って活かされていない人材**です。

上司や組織によって、活躍できる環境を与えられれば光る人材まで含めると、**ほとんどの組織**

で二割くらいはいるように感じます。上司としてこのような人材をどう活かすか考え、もっと積極的に手を打つべきではないか、というのが私の考えです。

また前述のとおり、企業の置かれている環境変化が、彼らにとってフォローの風となっています。これまでは持っているとんがった力を発揮することが、自分にとってプラスにならなかったため、あえて能力を押し殺していた人も少なくなかったはずです。しかし、これからは貴重な能力として、上司はどんどん引き出していくべきでしょう。

ただし、使いづらい部下を使いこなすには、**忍耐強さが要求される**ことを忘れてはいけません。それぞれ個人差があるので、どのくらいの期間が必要かは明言できませんが、おそらく思っているよりも長くかかることは覚悟してください。

紹介したケースでは、変わっていく節目の部分を主に取り上げているのですが、その間のプロセスでは上司と部下の根気強い関わり合いが必須となります。一進一退を繰り返しながら前進するプロセスになるのが普通です。

4　使いづらい部下の見分け方

私はこれまで約二〇年間、複数の会社（日本企業およびアメリカ企業）に勤務し、その後コンサルタントに転身して六年になります。この間に接してきた会社の上司、後輩、部下やクライアント企業の方々は膨大な数になります。

そこで本書のケースで見てきたような、「とんがった使いづらい部下」の見つけ方や関わり方について、これまでの経験を踏まえて言えることを実戦で使えるヒントとして、ここから提示したいと思います。


まず最初に、使いづらい部下をどうやって発掘するかについて触れます。

彼らは使いづらい要素がどうしても前面に出がちなところが、頭の痛いところです。結論から言えば、部下の中に次ページの表の「A面の見かけ」的な要素が見えた場合、その背後に「B面のココロ」が見えないかどうかを、さまざまな関わりを通して探っていくことです。

「A面の見かけ」と「B面のココロ」の表は、対極的な位置づけで示していますが、実際にはここまできれいに分けられるものではありません。したがって、この表を目安にしながら、「B面のココロ」の要素がないかどうかをていねいに見ていってください。

本書では便宜上、ケース1〜7の計7タイプに分類していますが、それぞれのケースの特性がぴったり当てはまるというよりも、いくつかの組み合わせが当てはまるほうが実際には多いと思います。

目をつけた人材が実際はどうであるか、彼らの具体的な言動から7つのケースでざっくり見て

「A 面の見かけ」と「B 面のココロ」

		A面の見かけ	B面のココロ
1	目的に納得しないと動かない人材	**指示してもなかなか動かない** ●上司の命令でも納得しないことがある ●いちいち質問ブレーキをかけてくる ●一徹な思いを押し通そうとする	**仕事の意味や目的を考え続ける** ●仕事の原点や本質を自分の頭で考える ●ぶれない判断軸を持つ ●周囲の意見に左右されない
2	社内調整よりお客様を優先する人材	**社内秩序を尊重しない** ●社内の暗黙の力関係や序列に従わない ●上司の頭を飛び越える ●組織の境界を無視して動く	**お客様のために徹する** ●顧客のニーズや困りごとを傾聴する ●顧客貢献のテーマをいつも考える ●顧客に感動を与えたいと切に願う
3	創造的な仕事にあくまで固執する人材	**決まり切ったことをやるのが嫌い** ●ルーチンワークでは満足しない ●義務よりも自分の興味を優先させる ●仕事の効率化に目を向けない	**自らの創造性で勝負する** ●自分の強みを自覚している ●人と違うものの見方をする ●ユニークな仮説を導き出す
4	計画そこそこにすぐトライする人材	**何ごとにもすぐ手を出してよく失敗する** ●周到な準備を怠る ●成功確率に関係なく動き出す ●失敗してもあまり反省しない	**失敗を怖れず、即実行する** ●一歩踏み出すのに躊躇しない ●現地現物を大事にする ●試行錯誤しながら答えを探る
5	常に問題提起せずにいられない人材	**派手好きで、目立ちたがる** ●自信過剰である ●問題は言わないと気がすまない ●大風呂敷を広げる	**臆せずズバリ問題提起する** ●鋭い問題意識を持っている ●言いにくいことも問題提起する ●周囲にインパクトを及ぼす発信をする
6	協調よりプロとしての成果にこだわる人材	**集団に合わせず単独行動に走る** ●周囲と協調しない ●変わり者と思われることを気にしない ●組織への帰属意識が低い	**プロとしての成果にこだわる** ●自立した姿勢を貫く ●高い専門性を磨く ●専門性を成果につなげる
7	継続よりひたすら変革しようとする人材	**過去のやり方を軽視する** ●これまでのやり方を軽視する ●変えることによる悪影響を考慮しない ●地道な改善努力を評価しない	**しがらみを断ち、変革を実行する** ●先の見えない状況をチャンスと捉える ●既存のしがらみを大胆に捨てられる ●不屈のチャレンジを続ける

いきます。「A面の見かけ」および「B面のココロ」に分けて、それぞれ当てはまる部分が、タイプ1〜7のどこに多く出ているかをマーキングするのもいいでしょう。複数のケースに当てはまる場合は、該当する章をよく読んで参考にしてください。

5　見分けるのがむずかしいパターン

使いづらい部下の基本的な見分け方は以上のとおりですが、やや判断がむずかしいパターンもあるので、ご紹介しておきます。

第一が、「A面の見かけ」だけの扱いにくい人です。これは間違いなく存在するので注意してください。「A面の見かけ」を持っている人が、「B面のココロ」を必ず持っているわけでは決してありません。

「A面の見かけ」だけの人は、ただの「問題社員」です。この場合の対処方法は他の本に譲りますが、基本的な考え方としては、マイナス要素を可能なかぎり減らすように、上司として強権発動も辞さず関わるしかありません。それでも改善が見られない場合は、お客様や他部署に悪影響が及ばないうちに、トップや人事部と相談したほうがいいでしょう。

「A面の見かけ」の人に、「B面のココロ」を持っていると見定めたものの、実は判断が間違っていたという失敗は、私も何度かしています。私の仕事は、組織変革をコンサルタントとして促進することですから、「B面のココロ」を持った人材は欠かすことのできない存在であり、目をつけては積極的に働きかけます。

クライアント企業でワークショップを実施する中、会社の問題点を次々に批判的に挙げる人がいました。彼はその会社では非主流の部門にいましたが、あるビジネスをゼロから立ち上げるのに参画して、それなりの規模に成長させたコアメンバーの一人でした。

彼は、主流部門の人間に危機感がなく、「既得権益にあぐらをかいていることが、現在の事業停滞につながっている」とあからさまに指摘しました。

私は、彼の体験が主流部門の変革に寄与できる可能性があるのではないかと見定めて、彼を巻き込もうとあれこれ働きかけましたが、結局は、「他部門とは違う」というスタンスを崩すことができずに終わってしまいました。自部門の枠組みを超えて、全社的な変革のための問題提起をするには至らなかったのです。結局、期待した（タイプ7的な）「B面のココロ」を見出すことはできませんでした。

第二のパターンは、これとは逆に、**「A面の見かけ」は見えないものの、「B面のココロ」が結果として見えることもある**というものです。

三ヶ月くらいのワークショップのプログラム期間中、最初のうちはとにかく控えめで目立たなかった女性メンバーがいました。

彼女は、自分から口を開くことはありませんでしたが、発言を求めると他のメンバーには見えていない本質的なことを指摘するのです（タイプ1的行動）。私は意図的に彼女からどんどんそれを引き出すようにしました。

彼女の本質を見る力は徐々にメンバーにも認知されることになり、彼女自身もだんだん積極的に発言するように変化していきました。最後に、チームで事業の新しいコンセプトを定めるときには、中心人物としてリードし、社長に提言する役割も担うことになりました。

以上のような例もあり、「A面の見かけ」だけだったということもあるし、「A面の見かけ」なしに「B面のココロ」が出てくることもあるのが、少しむずかしいところです。

それでも、「A面の見かけ」は「B面のココロ」につながっていることが少なくないため、「A面の見かけ」を「B面のココロ」を見出すための手段として使ってください。

6　使いづらい部下の人事考課をどうすべきか

使いづらい部下を活かすために重要なポイントになるのが、上司として彼らの人事考課をどうするかということです。彼らの特性まで想定した人事制度は少ないでしょうから、**運用によって彼らをある程度評価していく**方法を考えていかなければなりません。

通常の人事考課の場合、人材レベルの最低基準として、まずは決められたことや指示されたことをきっちりこなせるかどうかが問われます。そこから、自分なりに工夫して効率的に業務を進められるかどうかが見られ、一人前のプロとしては、経験や知識をフル活用して最善の行動が選択できることが求められます。その習熟の階段を一歩一歩上げていくのが、いわゆる人材育成と言われるものでしょう。

最近ではこれに加えて、既存の制約条件にとらわれず、新たな発想で仕事の枠組みを創り出すことが求められるようになっています。

このような段階を経て成長していくのが理想ですが、実際のところはどうでしょうか。

使いづらい人材は、新たなものを生み出すのは得意でも、決められたルーチンワーク等をこなすことを苦手にしている人が多いようです。だからといって、基本的な仕事の仕方を習熟するまで待っていたら、組織としては大きな損失になりかねません。

顧客や社会の環境変化のスピードが待ってくれないでしょうし、そもそもそのような人材がルーチンワークに十分習熟するようになるか、という疑問もあります。

その意味では、人事考課も一本のものさしでなく、レベルというよりもタイプの違いを認識して、**別ラインの人事考課基準をつくる**必要があるかもしれません。しかしながら、そこまで大々的にやるのはむずかしいでしょう。どんな人事考課制度にもある程度上司の裁量で判断できる余地があるものです。それをうまく翻訳して、このような人材を適正に評価できる道を考えるべきでしょう。

ただ、このときに留意すべきことは、恣意的な評価にならないよう、上司としてなぜこの人を評価するのかという、自分なりの解釈をしっかり持つことが必要です。

7　優等生社員はこれから使い道がなくなるのか

本書では、使いづらい部下をより活用すべきことを一貫して訴えていますが、では優等生社員は必要なくなっていくのでしょうか。私はそうではなく、むしろこれからも必要だと考えています。私が言いたいのは、依然として**優等生社員を偏重している現在のバランスを変えるべき**だということです。

優等生社員は、先の見えない中で自分で絵を描いて試行錯誤していくことは苦手でも、いったん方向性が決まれば、それを効率的に遂行したり、やり続ける力を持っています。このような部分は、どうしても使いづらい部下には不十分になりがちですから、補完し合うことで、組織としてより高い成果をあげることができます。

一方で、上司自身が優等生社員である場合についても考えてみたいと思います。そうした上司は、使いづらい部下の思考・行動パターンを理解するのは容易なことではないでしょう。しかし、だからといってこのような人材を使いこなせないわけではありません。

本書を読んで、このような人材を活かすことの可能性を感じ取れたなら、自分とは違う生きものであるくらいに捉えて、大胆にトライしてみてください。

それに私は、優等生社員の中にも、「B面のココロ」の要素を隠し持っている人をこれまで数多く見てきました。彼らはそのような要素を、これまでは自分にプラスにならないから抑えていただけで、再発見するということもあるのです。

使いづらい部下との関わりが、自分自身の「B面のココロ」を解放することにつながることもあるかもしれません。

8 使いづらい部下を使いこなす組織・上司としてのメリット

まず、使いづらい部下を使いこなすことの、組織としてのメリットから整理しましょう。

一言で表現すると、多くの**組織が直面している閉塞感を打ち破る**ことが期待できます。現在は、優秀とされる社員ほど多くの責任を負わされ、目の前の目標を達成しようと躍起になっていますが、すでに効率化の余地もそう残されているわけではなく、多くの人たちが疲弊感や閉塞感にとらわれています。

しかし、本書のケースに登場する人たちの行動からもわかるとおり、このような人材は普通の人とは違うものの見方をしています。彼らを活かすことで、「社員が元気になる／組織の壁が越えられる／戦略に魂が入る／理念が共感される／時間的ゆとりが生まれる」といった効果が期待できます。

次に、上司としてのメリットはどうでしょうか。こだわりの強い使いづらい部下を扱うのは、かなり手間がかかることだと思います。しかし、彼らをうまく活かすことができれば、普通の人材を活かすよりも、組織にとって何倍も多くのリターンを得ることができます。

先の見えないビジネス環境はこの先、その度合いが増すことはあっても、減ることはありません。とすれば、このような人材を活かすことがますます求められるし、上司にとっても部下育成・活用の醍醐味を最大限に味わえるはずです。

ということで、一言で言えば、「上司力」がアップします。これをいくつかに分類すると、「傾聴力／指示力／演出力／保護力／ケア力」ということになります。

「**傾聴力**」……彼らの、一見しただけではわかりにくい特性をしっかり理解するためには、潜在的な思いや能力まで引き出すような、聴く力が欠かせません。

「**指示力**」……放置しておくと何をしでかすかわからない人材をうまく方向づけるために、彼らの自律性・主体性を保ちながら、具体的に指示できることが必要です。

「**演出力**」……彼らの力だけでは突破できない障害に対して、上司としてトップや周囲を動かしながら、彼らが活躍できる場面を演出していく力のことです。

「**保護力**」……出る杭的な行動を取る彼らは、他の組織や上司から攻撃を受けやすいため、上司として上手に守ってやる必要があります。

「ケア力」……精神的に強いタイプが多いのですが、彼らも高い壁にぶつかる過程で落ち込むこともあります。上司としては適切にケアすることが求められます。

このような要素を身につけることができれば、あなたは他の管理者にはない圧倒的な上司力を獲得することになります。

9 使いづらさを超えて

世の中の傾向として、若い人の中に、使いづらい部下のような骨のある人材は少なくなっているのではないかという疑問があるかもしれません。一般的にはそう言えるかもしれません。しかし、最近活躍している若い人たちを見ると、起業家を含めて、大きな仕事にチャレンジしている人材の割合は、私の若い頃（バブル期）よりも増えているのではないかとも感じています。

ただ、「B面のココロ」を持った人材を見抜くのは、かつてよりもむずかしくなっているのは間違いないでしょう。自分なりのこだわりを持っていたとしても、組織の中でそれを出すのは得策ではないと割り切って、今の所属組織とは別のフィールドでその実現を目指している人も少なくないからです。

だからこそ、より上司の役割が重要になってきます。「B面のココロ」を持った人材が、それを存分に発揮できる**組織づくりや人材育成がより求められている**のです。

次に注目したいのは**女性の存在**です。本書で取り上げたケースでも、使いづらい部下の半数以上が女性社員であることにはわけがあります。

一般的に女性社員は、これまで日本企業が重視してきた、組織におけるしきたりやしがらみから比較的自由に行動する傾向があり、使いづらい部下に女性社員が多いということを私も実感として持っています。

そのようなことも影響してか、男女雇用機会均等法が施行されてから四半世紀がたつ今でも、日本企業では女性の管理職の割合が極端に少ない状況です。しかし、これからは使いづらい部下のような社員を活かさなければ、企業にとっては死活問題になりますから、女性の活用がますます進むことを期待したいと思います。

さらに、上司や組織にとって見逃せない問題として人材流出があります。自分の仕事へのこだわりの強い使いづらい部下は、その組織に属しているということだけで忠誠心を持つ人たちではありません。自分の特性を活かせる環境ではないと判断すれば、普通の人材よりも**容易に外部に流出してしまう**可能性があります。

しかし、私はこのことを上司としては逆転の発想で捉えていただきたいと考えています。つまり、このような人材が、「ぜひ居続けたい」と感じるような組織の環境をつくり続けることで、組織力をより向上させることができるというわけです。

どれだけ努力をしても、人材が外部に流出することはあるでしょう。しかし、そのときは、かつてリクルート社が、「人材輩出企業」を売りにしたように、これだけ価値ある人材を育てられる組織・上司であるということを誇りにすればいいのではないでしょうか。とんがった人材はそのような組織にどんどん集まってくるはずです。

いかがでしょうか。まずは使いづらい部下に言うことをきかせたいが……といった目的で本書を手に取られた方もいらっしゃると思いますが、**とんがった「使いづらい部下」の育成・活用こそが組織の直面する閉塞感を打ち破るための突破口になるはずだ**、という私の考え方をご理解いただけたでしょうか。

先の見えないビジネス環境で、これといった正解が見出しにくいのと同様、使いづらい部下の育成・活用にも、こうすれば必ず成功するという方程式があるわけではありません。しかし、本書をお読みいただき、あなたの部下に当てはまりそうなノウハウを実践していくことで、成功の確率は間違いなく上がります。

彼らのマネジメントに関わることは、上司としての醍醐味を味わえるチャンスでもあります。「使いづらい部下」を使いこなせるようになったとき、あなたが実現できるビジネスの可能性はますます広がっていくでしょう！

著者略歴

野口　正明(のぐち　まさあき)

1965年、福岡県生まれ。早稲田大学政経学部政治学科卒業後、日本企業でマーケティング、生産管理、人事の仕事を経験。その後、30代半ばでグローバルに活躍する「人と組織のプロフェッショナル」を志し、外資系(米国)企業のHRマネジャーに転身。人材採用、人材開発、労務問題、人事制度構築等に注力する一方で、企業内チェンジエージェントとして各部署や組織全体に関わり、協働性と効果性の高い組織づくりを促進。
2006年、株式会社スコラ・コンサルトに加入し、プロのチェンジエージェント(プロセスデザイナー)として、企業風土変革のコンサルティング活動に専念。現在、事業と組織の「明日」を創発するため、ワークショップによる生きた戦略ストーリーづくりやその実践支援に奔走中。既成概念にとらわれない自由自在な観点から、人と組織に関わり、これまで見えなかった本質を引き出し、事業と組織の新たな方向性を探る「真剣勝負の対話」を信条とする。

スコラ・コンサルト公式サイト　http://www.scholar.co.jp/index.html
ブログ：ビジネスは「明日備(あそび)」である　http://businessdialogue.blog.fc2.com/

「使いづらい部下」を上手に使いこなす法

平成25年3月31日　初版発行

著　者 ―― 野口　正明
発行者 ―― 中島　治久

発行所 ―― 同文舘出版株式会社

東京都千代田区神田神保町1-41　〒101-0051
電話　営業03(3294)1801　編集03(3294)1802
振替00100-8-42935　http://www.dobunkan.co.jp

ISBN978-4-495-52221-6
印刷／製本：三美印刷　Printed in Japan 2013